Les garçons et l'école

Du même auteur

Bouchard, Pierrette, St-Amant, Jean-Claude, Rinfret, Natalie, Baudoux, Claudine et Natasha Bouchard (2003), *Dynamiques familiales de la réussite scolaire au secondaire, tome 1,* Sainte-Foy, Chaire d'étude Claire-Bonenfant sur la condition des femmes.

Bouchard, Pierrette, St-Amant, Jean-Claude, Rinfret, Natalie, Baudoux, Claudine et Natasha Bouchard (2003), *Les héritières du féminisme, tome 2,* Sainte-Foy, Chaire d'étude Claire-Bonenfant sur la condition des femmes.

St-Amant, Jean-Claude (2002), *Retour aux études et réussite scolaire en milieu autochtone. Pour une pédagogie de l'autonomie,* Québec, Université Laval et Centre de développement et de formation de la main-d'œuvre.

Bouchard, Pierrette, St-Amant, Jean-Claude, Gauvin, Monique, Quintal, Madeleine, Carrier Richard et Claudette Gagnon (2000), *Familles, école et milieu populaire.* Sainte-Foy, Centre de recherche et d'intervention sur la réussite scolaire, série « Études et recherches », vol. 5, n° 1.

Bouchard, Pierrette, St-Amant, Jean-Claude, Tondreau, Jacques et Natasha Bouchard (1997), *De l'amour de l'école. Points de vue de jeunes de quinze ans,* Montréal, Les éditions du remue-ménage.

Bouchard, Pierrette et Jean-Claude St-Amant (1996), *Garçons et filles, stéréotypes et réussite scolaire.* Montréal, Les éditions du remue-ménage.

Jean-Claude St-Amant

Les garçons et l'école

Collection
CONTREPOINT

Sisyphe

Éditions Sisyphe
4005, rue des Érables
Montréal, Québec, H2K 3V7
Tél. : (514) 374-5846
Site : http://sisyphe.org
Courriel : editions_sisyphe@yahoo.ca

Illustration de la couverture : Élaine Audet
Éditrices : Élaine Audet et Micheline Carrier
PAO : Richard Poulin

Distribution Canada : Les éditions Sisyphe

Distribution Europe :
Distribution Nouveau Monde / Librairie du Québec
30, rue Gay-Lussac
75005, Paris (France)
Tél. : (011-33-1) 43-54-49-02
Téléc. : 43-54-39-15
Site : http://www.librairieduquebec.fr

© Les éditions Sisyphe
ISBN : 978-2-923456-06-5
Dépôt légal : deuxième trimestre 2007
Bibliothèque nationale du Québec
Bibliothèque nationale du Canada

Sommaire

Présentation

LES garçons québécois vont-ils aussi mal à l'école que le prétend une certaine mouvance masculiniste qui les présente comme un groupe homogène victime d'un système scolaire « féminisé » et discriminatoire ? Faut-il donner à tous les garçons un soutien spécifique basé sur la non-mixité scolaire, les stéréotypes sexuels, un plus grand nombre d'enseignants et une pédagogie calquée sur le jeu et le sport ?

Au moyen de données internationales et québécoises, Jean-Claude St-Amant analyse la situation des garçons en la comparant à la fois à celle des filles du Québec et à celle de groupes de garçons et de filles du Canada et d'autres pays occidentaux. Cette mise en perspective révèle des faits peu connus du public et même d'une partie du personnel enseignant.

Premier constat : les garçons québécois n'affichent aucun retard particulier par rapport aux filles, que ce soit au primaire ou au secondaire, *sauf dans la maîtrise de la langue d'enseignement (lecture et écriture).* Cette situation n'est pas nouvelle ni propre au Québec. Il s'agit d'une tendance lourde, ces dernières années, dans les pays industrialisés. Puis, ce ne sont pas tous les garçons qui ont des difficultés, ni toutes les filles qui réussissent bien à l'école. Les différences dans les résultats sont souvent plus grandes entre les garçons eux-mêmes qu'entre filles et garçons.

Il importe de souligner que les garçons québécois occupent une position avantageuse dans les taux d'obtention d'un diplôme d'études secondaires par rapport aux groupes de garçons de l'ensemble du Canada et d'autres pays. À cet égard, toutefois, les filles se démarquent globalement par un taux supérieur non seulement par rapport aux garçons québécois, mais aussi par rapport aux garçons et aux filles du reste du Canada ou d'autres pays. Les filles et les garçons qui réussissent présentent les mêmes caractéristiques, notamment la prise en charge de leur propre scolarisation, plus marquée chez les filles. Toutefois, pour ce qui est des taux de décrochage, le milieu socio-économique se révèle un facteur plus significatif chez les garçons que chez les filles.

Une politique de la réussite

Comment expliquer la généralisation et la dramatisation des difficultés scolaires des garçons québécois ainsi que le silence sur les besoins non comblés d'un quart des filles québécoises aux niveaux primaire et secondaire ? « Si les taux d'abandon des garçons ont pris une telle importance sur la place publique et dans les milieux de l'éducation, écrit Jean-Claude St-Amant, c'est parce que proportionnellement plus de filles font mieux qu'eux, ce qui serait socialement inacceptable. Par hypothèse, si les filles du Québec affichaient un taux d'obtention du diplôme d'études secondaires simplement moyen, la polémique concernant le "malaise des garçons" ou l'école dite "lieu féminisé" disparaîtrait d'elle-même! Resterait le besoin de venir à la rescousse de ceux et celles qui ont besoin d'un coup de pouce supplémentaire. »

À cet égard, la non-mixité et des approches pédagogiques inspirées de stéréotypes sexuels ont mené à un cul-de-sac dans d'autres pays, souligne le chercheur, alors que la mixité a amélioré la performance des garçons. Il propose *une politique de la réussite scolaire* à trois volets complémentaires : intervenir systématiquement contre les stéréotypes sexuels masculins et féminins; développer des pratiques de lecture stimulantes et constituant un véritable défi intellectuel; enfin, éduquer à la prise en charge de sa propre scolarisation. Caractéristiques essentielles, chacun de ces trois volets a montré son efficacité dans divers contextes et aussi bien pour un sexe que pour l'autre.

L'auteur

Chercheur en éducation, l'auteur a commencé sa carrière professionnelle comme historien et a enseigné pendant plusieurs années à l'Université du Québec à Rimouski. Des interrogations sur les rapports sociaux en contexte pédagogique l'amènent ensuite à réorienter ses réflexions et ses recherches vers la sociopolitique de l'éducation. Il se joint au groupe d'experts à l'origine du Centre de recherche et d'intervention sur la réussite scolaire (CRIRES), issu d'un partenariat entre l'Université Laval (Québec) et la Centrale des Syndicats du Québec (CSQ), et participe à divers travaux de la Chaire d'étude Claire-Bonenfant sur la condition des femmes.

Intéressé par diverses formes d'inégalités sociales et leurs effets sur la scolarisation, il mène des recherches qui portent principalement sur les écarts de réussite selon le sexe et les milieux sociaux, sur les contributions respectives des parents ou du personnel scolaire à la réussite des jeunes, sur les dynamiques scolaires dans les familles de milieu populaire, sur la mixité à l'école, enfin sur les conditions d'un retour aux études réussi en milieu autochtone.

En collaboration avec Pierrette Bouchard et d'autres collègues, Jean-Claude St-Amant a publié plusieurs volumes et articles scientifiques dont on trouve les principaux titres au début de ce livre. Conscient du lien étroit entre la production de nouvelles connaissances et certains enjeux sociaux, il participe volontiers à des débats publics dans le domaine de l'éducation et dans celui des rapports inégalitaires entre les hommes et les femmes.

Introduction

Quels garçons... quelles filles ?

Au Québec, depuis une quinzaine d'années, le taux de décrochage scolaire des garçons, plus élevé que celui des filles, a servi d'argument de base pour contester les femmes et leur place, non seulement dans le système d'éducation mais dans l'ensemble de la société. Ces critiques rejoignent deux aspects fondamentaux au cœur des rapports sociaux de sexe : ce que les femmes « sont » sur le plan des identités sociales, avec une volonté de redéfinir des attributs associés à l'un ou l'autre groupe (définition des identités sociales, bi-catégorisation et assignations sociales, naturalisation des phénomènes renforçant les différences entre les sexes, etc.) et ce qu'elles « font » sur le plan économique, c'est-à-dire essentiellement les places à occuper dans un marché du travail en pleine évolution.

Cette dynamique sociale s'inscrit dans une tentative de réactualisation du patriarcat dont l'une des manifestations a pris la forme d'une mouvance masculiniste, présente dans plusieurs pays industrialisés, mais particulièrement bruyante au Québec ces dernières années. Par des tactiques de harcèlement qui leur ont bien réussi (ciblage des médias et des personnes élues, stigmatisation des féministes), un petit nombre d'hommes ont réussi à porter sur la place publique leurs doléances que, malgré un défaut évident de crédibilité, une partie non négligeable de la population québécoise a partagées. Les hommes se sont tus, certains se sont montrés complaisants. Cet accueil favorable s'explique en partie par le climat d'incertitude causé par de profondes transformations sociales en cours.

Quant au système d'éducation qui nous intéresse plus précisément, cela s'est fait dans une conjoncture particulière. D'une part, le ministère de l'Éducation du Québec (MEQ) a aussi subi des pressions intenses pour venir à la rescousse des garçons. Ces pressions lui sont venues de parents préoccupés, et elles lui ont aussi été transmises par la presse ou par des masculinistes. Au fil des années, le MEQ a pu s'outiller pour mieux analyser les enjeux : études statistiques, mandats au Conseil supérieur de l'Éducation, colloques et ateliers thématiques, etc. Ses dernières publications indiquent qu'il a réussi à cerner la question et à se prémunir contre les prétentions masculinistes les plus grossières, notamment en ce qui a trait à l'idéologie véhiculée. Au même moment, toutefois, un processus de décentralisation était en cours et les instances scolaires se retrouvent aujourd'hui avec une autonomie accrue. Par ailleurs, elles sont plus isolées et plus vulnérables aux pressions directes de parents inquiets. Nous nous retrouvons ainsi dans une situation paradoxale où le MEQ disposerait maintenant des analyses nécessaires pour orienter les actions, mais où une école sur cinq s'est déjà aventurée dans des projets visant à aider les garçons, avant d'avoir pu bénéficier de toute l'information appropriée. Il s'ensuit qu'une très large part de ces projets repose sur des fondements tout à fait inadéquats.

C'est dans ce contexte que nous voyons la nécessité de revenir sur la situation scolaire des garçons. Au-delà de certains aspects sensationnalistes et de l'utilisation à leurs propres fins qu'en font des groupes d'hommes, le besoin d'une vision d'ensemble du phénomène demeure. De plus, la nécessité de s'outiller adéquatement pour mieux orienter ses interventions devient d'autant plus importante quand on est parent ou partenaire du monde de l'éducation. Ce sont les objectifs de cet ouvrage.

Deux conditions nous semblent essentielles pour y arriver. D'abord, et nous l'avons répété à maintes reprises, se pose la nécessité d'éviter la généralisation à tous les garçons de phénomènes qui ne concernent qu'une partie d'entre eux. Ce ne sont pas tous les garçons qui connaissent des difficultés à l'école, au contraire, une bonne part y réussit. Suivant les thèmes discutés, il faut alors tenter de savoir plus précisément quels garçons, le cas échéant, se singularisent. À cet égard, le milieu socio-économique constitue un facteur déterminant : « S'il existe un écart de réussite entre les garçons et les filles, il apparaît moins important que celui qui oppose les élèves en fonction du milieu socio-économique d'où ils sont issus. » (MEQ, 2005 : 23)

Ensuite, deuxième condition, il n'est ni vraiment possible ni vraiment souhaitable de parler de la situation scolaire des garçons sans la situer par rapport à celle des filles. L'une permet de relativiser l'autre et ce sont les écarts entre les deux groupes de sexe qui appellent une analyse. Si les taux d'abandon des garçons ont pris une telle importance sur la place publique et dans les milieux de l'éducation, c'est parce que proportionnellement plus de filles font mieux qu'eux, ce qui serait socialement inacceptable. Pourtant, le fait n'est pas nouveau en soi, il était connu au milieu du siècle dernier! Ce qui a changé, c'est l'importance accrue du diplôme ouvrant l'accès aux nouveaux emplois. Par contre, ce qui n'a pas changé et qui devrait permettre de recentrer le débat, c'est l'efficacité inégale du diplôme selon que l'on en est un détenteur ou une détentrice. Cette dissymétrie touche tant le niveau des salaires et les conditions d'emploi que les occasions de promotion. Enfin, il semble opportun de le rappeler, ce ne sont pas toutes les filles qui vont bien à l'école et certaines d'entre elles ont aussi besoin de mesures destinées à leur venir en aide. Quels garçons? demandait-on, mais aussi : Quelles filles?

En ce qui a trait à notre réflexion, nous insisterons donc sur les écarts entre les deux groupes de sexe. Les petits tableaux suivants se veulent une image servant à illustrer deux façons de le faire. Dans le premier, se retrouvent les résultats hypothétiques de cinq filles et de cinq garçons à un examen fictif. On voit qu'elles ont obtenu une moyenne de trois sur cinq, alors que celle des garçons se situe à deux.

Tableau 1a
LES ÉCARTS DE RÉUSSITE SCOLAIRE SELON LE SEXE : LA PERCEPTION COURANTE

Résultats hypothétiques		
	Filles	*Garçons*
	5	4
	4	3
	3	2
	2	1
	1	0
Moyenne	*3*	*2*

Les rapports statistiques présentent régulièrement ce type de portrait, incluant ceux dont disposent les commissions scolaires qui reçoivent du ministère les moyennes obtenues par école, par matière et par sexe. Il conduit à généraliser à tous les garçons un retard sur les filles. En conséquence, la tentation est grande de chercher des solutions visant l'ensemble des garçons, et plusieurs commissions scolaires s'y sont hasardées.

Mais le diagnostic est faux et le tableau 1b fait ressortir tout autre chose. Les résultats et la moyenne sont exactement les mêmes, cependant les premiers sont disposés différemment. Il en ressort en fait une grande similitude entre les résultats obtenus par les deux groupes.

Tableau 1b

LES ÉCARTS DE RÉUSSITE SCOLAIRE
SELON LE SEXE : LA MÊME RÉALITÉ

Les mêmes résultats		
	Filles	*Garçons*
	5	0
	4	4
	3	3
	2	2
	1	1
Moyenne	*3*	*2*

Le nouvel arrangement singularise un cas particulier. À lui seul, ce dernier est responsable de la différence de moyenne entre les deux groupes. La deuxième disposition des résultats donne une information supplémentaire cruciale, c'est-à-dire la direction que devront prendre l'aide et le soutien éducatif : celui qui n'a pu faire mieux qu'un zéro bien sûr, mais aussi les autres jeunes, garçons et filles, qui n'ont pas obtenu une note satisfaisante. Ce sont ces résultats que nous avons soulignés dans le tableau 1b. Cette deuxième façon de représenter les écarts entre les garçons et les filles rend compte plus justement, selon nous, de la réalité scolaire québécoise. Qui plus est, elle permet de garder en tête l'objectif premier de faire progresser ceux et celles qui en ont le plus besoin. Enfin, sur le plan méthodologique, les personnes familières avec l'analyse statistique savent le besoin d'identifier les sous-groupes responsables des écarts de moyenne entre des ensembles de données.

Ces balises étant précisées, le présent ouvrage comporte quatre parties. La première a pour objectif de faire un état des lieux en ce qui a trait aux écarts selon le sexe. Pour ce faire, nous utilisons essentiellement des données issues du MEQ, que ce soient les *Indicateurs 2006* ou encore des analyses plus ciblées. Elles sont ensuite comparées à certaines perceptions qu'entretient le personnel scolaire du Québec. L'écart entre la réalité et les perceptions vaut qu'on s'y attarde. Suivront dans le deuxième chapitre des extraits d'un article portant sur des pratiques de masculinité à l'école. Ils donnent à voir la désaffection de certains garçons envers l'école et ce sont précisément ces pratiques qui fondent la réalité des écarts garçons-filles. Dans la troisième partie, nous présentons une critique des trois avenues empruntées le plus souvent dans les tentatives visant à remédier aux « problèmes des garçons ». Cet exercice nous permettra d'avancer au dernier chapitre trois pistes d'intervention susceptibles d'améliorer la réussite scolaire. Elles ont en commun l'avantage d'avoir montré leur efficacité tant pour les garçons que pour les filles.

Sans prétendre mettre le point final à une problématique qui demeure à la fois complexe et stimulante, nous espérons que la lectrice et le lecteur pourront à tout le moins s'en faire une idée plus exacte et départager les mythes et la réalité.

1

Les écarts :
réalités et perceptions

L'ÉTAT des lieux auquel nous vous convions dans la première partie de ce chapitre est construit à partir de statistiques largement disponibles. Celles-ci fournissent en effet de bons points de repère qui permettent de situer plus précisément les écarts effectifs entre les deux groupes de sexe. Nous utilisons pour ce faire trois séries de données: d'abord les résultats scolaires suivant les matières, ensuite les taux de décrochage au niveau secondaire, enfin, la proportion des diplômes obtenus par les garçons et les filles à la sortie du système scolaire. Suivront dans la deuxième partie dès renseignements touchant les perceptions du personnel scolaire quant à leur façon d'évaluer la situation respective des garçons et des filles. On verra que les difficultés des garçons sont fortement amplifiées, contrairement aux perceptions des besoins des filles qui sont, à toutes fins utiles, oubliés.

Les résultats selon les matières

Sauf en langue d'enseignement (lecture et écriture), les garçons n'affichent aucun retard particulier par rapport aux filles, peu importe la matière, que ce soit au primaire ou au secondaire. Ce fait n'est connu que de 35 % du personnel scolaire, alors que la majorité (55 %) croit que les filles dépassent les garçons dans toutes les matières (Bouchard et St-Amant, 2007). Ils obtiennent dans les faits des résultats similaires. C'est ce qu'indiquent, par exemple, les données du MEQ en ce qui a trait aux épreuves uniques en 2005, une constante ces dernières années (MEQ, 2006 ; voir aussi CSÉ, 1999). Dans la même ligne de pensée, nous avons eu l'occasion à diverses reprises d'analyser en détail les données pour diverses commissions scolaires et, à quelques variantes près, le phénomène reste sensiblement le même. Quant à l'écart dans la maîtrise de la langue d'enseignement entre les deux sexes, il n'est pas propre au Québec. Il s'agit même d'une tendance lourde, ces dernières années, dans les pays industrialisés. L'Organisation de coopération et de développement économiques (OCDE) le signale dans ses *Indicateurs* à propos de la compréhension de l'écrit : « En quatrième année déjà, les filles surpassent généralement les garçons [...] À 15 ans, l'écart entre les sexes est considérable » (OCDE, 2003 : 140).

Il n'en a pas toujours été ainsi. Pour ne prendre qu'un exemple, vers la fin du 19e siècle en France, les garçons affichaient un net avantage sur les filles en français. De même, en ce qui a trait aux mathématiques, ce n'est que récemment que les résultats des filles québécoises ont rejoint ceux des garçons, ce qui n'est pas encore tout à fait le cas dans la plupart des pays industrialisés (OCDE, 2003). Un autre indice du fait que les écarts varient dans le temps nous est donné par les résultats obtenus en français dans la population québécoise de 16 à 64 ans où ce sont les hommes qui obtiennent des résultats moyens légèrement supérieurs (MEQ, 2006). C'est donc dire que le résultat des comparaisons change selon les groupes mis en opposition. Bref, à une matière près, les garçons et les filles québécoises ne se différencient pas sur le plan du rendement par matière. De plus, un regard sur le long terme montre que les positionnements respectifs évoluent. Ce dernier constat tend à infirmer les thèses sociobiologiques, telle celle qui porte sur les différences de cerveau entre les hommes (utilisation du côté droit associé aux mathématiques) et les femmes (côté gauche associé à la langue) à laquelle on recourt encore pour expliquer les performances respectives.

Dans la même veine, une analyse comparative du taux de réussite à l'épreuve de français langue d'enseignement, réalisée en tenant compte du milieu socio-économique, montre que plus on se rapproche des milieux ouvriers et populaires, plus les écarts risquent d'être marqués :

> On observe donc un écart de 5,3 points de pourcentage dans le taux de réussite entre les garçons issus des milieux les plus défavorisés et ceux des milieux plus favorisés. Chez les filles, cet écart est de 3,2 points. L'écart entre les garçons et les filles, malgré certaines varia-

tions, s'accroît de façon continue avec l'indice de milieu socio-économique. Les garçons sont plus affectés que les filles lorsqu'ils sont issus d'un milieu socio-économique plus faible (MEQ, 2005 : 12).

De plus, les différences dans les résultats sont souvent plus grandes entre les garçons eux-mêmes qu'entre filles et garçons. Voilà une belle illustration du fait que ceux-ci ne forment pas un groupe homogène, incluant dans la seule matière scolaire où ils accusent présentement un certain retard par rapport aux filles. Le milieu socio-économique constitue à cet égard une variable essentielle, entre autres à cause de son influence sur les taux de décrochage.

Les taux de décrochage au secondaire

A cette étape, nous entendons vérifier l'évolution des taux de décrochage scolaire des garçons et des filles de 19 ans, entre 1979 et 2004. Ce taux est passé chez les garçons de 43,8 % en 1979 à 24,3 % en 2004. Une amélioration très nette dans l'obtention d'un diplôme, soit 19,5 %. Durant la même période, les filles sont passées d'un taux d'abandon de 37,2 % à

13,9 %, avec une progression de 23,3 % dans leur cas (MEQ, 2006).

En somme, des données qui, loin de décrire une situation catastrophique pour l'un et l'autre sexe, montrent plutôt une plus grande importance accordée à l'éducation par la société, un système scolaire devenu relativement plus efficace et la possibilité d'amélioration tant pour les filles que pour les garçons. Interrogé sur cette évolution, 35 % du personnel scolaire québécois a été d'accord pour dire que le taux avait effectivement baissé chez les filles pendant cette période, mais seulement 11 % faisait le même constat en ce qui a trait aux garçons (Bouchard et St-Amant, 2007).

Les taux suivants portent sur l'année scolaire 1999-2000, référence moins récente que la précédente mais qui offre l'avantage d'inclure les données disponibles pour le Canada. Ils comparent les garçons et les filles du système scolaire québécois avec ceux et celles du reste du pays ainsi qu'avec ceux et celles des pays industrialisés participant à l'enquête de l'OCDE. Les statistiques montrent que 79 % des garçons québécois ont obtenu leur diplôme d'études secondaires, contre 73 % des garçons dans le reste du Canada et 77 % dans les pays de l'OCDE. En ce qui a trait aux filles québécoises, elles sont 92 % à obtenir le DES, se plaçant dans le peloton de tête, comparativement à 83 % de leurs consœurs canadiennes et 80 % des filles habitant un des pays couverts par l'enquête.

Sur le plan canadien ou international, il est manifeste que les garçons québécois soutiennent bien la comparaison. Leur taux d'obtention d'un diplôme d'études secondaires se compare avantageusement aux taux obtenus par les autres groupes de garçons, ce qui est aussi le cas lors de la même enquête réalisée deux ans plus tard. Quant aux filles québécoises, elles sont particulièrement persévérantes et ce sont leurs résultats qui les démarquent, par rapport aux garçons québécois certes, mais aussi par rapport aux filles de plusieurs pays ou du reste du Canada. Par hypothèse, si les filles du Québec affichaient un taux d'obtention du diplôme d'études secondaires simplement moyen, la polémique concernant le « malaise des garçons » ou l'école dite « lieu féminisé » disparaîtrait d'elle-même! Resterait le besoin de venir à la rescousse de ceux et celles qui ont besoin d'un coup de pouce supplémentaire.

Les diplômes à la sortie de l'école

Une analyse des *Indicateurs* du ministère de l'Éducation du Québec (2006) concernant le dernier diplôme obtenu permet notamment de comparer les écarts entre les filles et les garçons qui terminent leurs études munis d'un diplôme. Dans les catégories « baccalauréat » et « formation technique ou professionnelle », on pourrait voir ces filles et ces garçons sortant de l'école comme des personnes préparées au marché du travail, dans la mesure où on considère telle la formation professionnelle obtenue au secondaire.

Tout en restant muets sur les choix d'orientation défavorables aux filles, thème qu'il aurait fallu développer en soi, les *Indicateurs* montrent des pourcentages semblables en formation technique ou professionnelle (H = 39 % ; F = 39 %) et en formation générale (H = 17 % ; F = 15 %). Les données différencient les groupes de façon sensible aux deux extrêmes, les sans DES (H = 22 % ; F = 10 %) – ce qui a été discuté plus haut – et les détenteurs d'un baccalauréat (H = 22 % ;

F = 36 %). Comment comprendre l'asymétrie dans ce dernier cas ?

Une recherche menée en 1994 auprès d'un échantillon représentatif de jeunes du troisième secondaire québécois les interrogeait sur leurs aspirations scolaires (Bouchard et St-Amant, 1996). Il est intéressant de proposer une comparaison entre les réponses obtenues à ce moment et l'obtention effective d'un diplôme une décennie plus tard. Il s'agit de vérifier dans quelle mesure les projets de scolarisation de chacun des groupes de sexe ont effectivement pu se concrétiser. Dans le groupe de 1994, une majorité de filles (54 %) anticipait des études universitaires. Cette proportion se situait à 39 % chez leurs confrères. L'écart entre les aspirations des unes et des autres est pratiquement le même que celui que l'on retrouve chez les filles et les garçons diplômés en 2004. Ainsi, tout se passe comme si la répartition de l'obtention d'un diplôme universitaire par sexe était la résultante des aspirations exprimées 10 ans plus tôt, ce qui dévoile un processus d'auto-exclusion chez un certain nombre de garçons. Axé sur les pratiques de masculinité à l'école, le chapitre suivant nous montrera l'aspect culturel du phénomène. Ce

31

dernier procède aussi d'une rationalité économique, c'est-à-dire l'attrait du marché du travail qui accueille les garçons beaucoup plus rapidement et favorablement que les filles.

En effet, l'efficacité économique – très réelle – du diplôme n'est pas la même selon le sexe. Dit autrement, les garçons ont beaucoup moins d'intérêt financier à prolonger leurs études que n'en ont les filles. Cette inégalité est particulièrement palpable de deux manières. D'une part, chez les jeunes garçons, les avantages salariaux liés à l'obtention d'un diplôme collégial technique plutôt qu'un diplôme de formation professionnelle sont tout à fait négligeables, alors que trois ans d'études supplémentaires sont requis dans le premier cas. Les jeunes filles ne sont pas dans la même situation. D'autre part, toujours chez les jeunes garçons, en comparant les détenteurs de baccalauréats à ceux qui ont un DEP, on voit que le taux d'emploi… baisse chez les bacheliers! Alors, pourquoi des études additionnelles, dans un contexte où, comme on l'a vu, plusieurs d'entre eux sont déjà plus hésitants à poursuivre leurs études? La réalité est autre chez les filles pour qui chacun des échelons dans l'obtention d'un diplôme permet d'améliorer son sort. Après des années d'études supplémentaires, elles se retrouvent sur le marché du travail avec des conditions à peu près analogues à celles de leurs confrères qui n'ont pas fait ces études. C'est ce qu'indique aussi la comparaison de la somme totale des revenus d'emploi des personnes de 17 à 64 ans, entre un homme avec un DEC et une femme possédant un baccalauréat (MEQ, 2005). À cause de la structure du marché du travail qui leur est défavorable, la persévérance scolaire des filles constitue donc pour elles une voie vers l'égalité.

Les perceptions du personnel scolaire

Les écarts entre les sexes étant saisis, comment les acteurs et actrices du monde de l'éducation les perçoivent-ils ? Pour donner des éléments de réponse à cette question, nous utilisons quelques données inédites d'une recherche dont les résultats sont à paraître (Bouchard et St-Amant, 2007). Elle a rejoint un peu plus de mille répondants et répondantes parmi le personnel scolaire œuvrant sur le territoire québécois. Ce sont ceux et celles des niveaux primaire et secondaire qui se consacrent à l'enseignement, à la direction (cadre et hors-cadre) ou au soutien, dans le public et dans le privé.

Il s'agit des estimations que fait le personnel scolaire quant au taux de décrochage respectif des garçons et des filles de 17 ans, pour l'année scolaire 2000-2001. Les énoncés se présentent l'un à la suite de l'autre dans le questionnaire d'enquête. Dans le tableau suivant (N = 941), les réponses obtenues nous renseignent globalement sur la perception que le personnel scolaire a de la situation des garçons.

Tableau 2
SELON VOTRE ESTIMATION, EN 2000-2001,
LE TAUX DE DÉCROCHAGE DES GARÇONS
QUÉBÉCOIS DE 17 ANS SE SITUAIT À :

	Moins de 8%	8 à 15%	16 à 30%	Plus de 30%	Total
Hommes	2	54	195	120	371
	1%	14%	53%	32%	100%
Femmes	4	129	292	145	570
	1%	23%	51%	25%	100%
Total	6	183	487	265	941
	1%	19%	52%	28%	100%

Voici maintenant comment les mêmes personnels scolaires (N = 944) perçoivent la situation des filles :

Tableau 3
SELON VOTRE ESTIMATION, EN 2000-2001,
LE TAUX DE DÉCROCHAGE DES FILLES
QUÉBÉCOISES DE 17 ANS SE SITUAIT À :

	Moins de 8 %	8 à 15 %	16 à 30 %	Plus de 30 %	Total
Hommes	123	186	56	6	371
	33 %	50 %	15 %	2 %	100 %
Femmes	4	129	292	145	573
	39 %	49 %	11 %	1 %	100 %
Total	345	468	120	11	944
	36 %	50 %	13 %	1 %	100 %

Remarquons dès maintenant que 80 % des répondants et des répondantes situent le taux de décrochage des garçons de cet âge à 16 % et plus, cette proportion incluant plus du quart qui le situe à plus de 30 %. Inversement, 36 % croient que le taux de décrochage des filles est de moins de 8 %. Le contraste est frappant. Or, suivant les données publiées par le MEQ, tant le taux de décrochage des garçons que celui des filles se situe à ce moment entre 8 et 15 %. L'estimation qu'en fait le personnel scolaire est exacte dans seulement 19 % des cas à la première question concernant les garçons (14 % chez les répondants, 23 % chez les répondantes), et une fois sur deux à la deuxième question concernant les filles. Enfin, seulement 2 % des répondants et des répondantes ont donné une réponse exacte aux deux demandes d'estimation.

Il faut comprendre évidemment qu'il s'agit là d'un exercice qui reste difficile, même pour ceux et celles qui consultent ces données de façon systématique. Mais notre propos se situe moins dans la vérification des connaissances du personnel scolaire que dans sa représentation des écarts de réussite selon le sexe. À ce titre, nous retenons deux informations principales. D'une part, il y a une très nette surestimation du taux de décrochage scolaire des garçons (Tableau 2). C'est le cas chez 4 personnes sur cinq, soit 85 % des répondants et 76 % des répondantes. Ce phénomène s'inverse pour les filles (Tableau 3) dont plus du tiers des personnes interrogées sous-estiment le degré de difficulté. Voilà qui correspond tout à fait à l'image véhiculée par les médias québécois, qui donne l'impression que toutes les filles – ou presque – vont bien. D'autre part, une analyse plus poussée nous permet de discerner une différence statistiquement significative entre les réponses des hommes et celles des femmes : les hommes plus que les femmes surestiment le taux de décrochage scolaire des garçons et aucune autre variable ne présente une telle caractéristique. Comment expliquer ce phénomène, qui ne surprend guère à la lumière de nos travaux de recherche antérieurs, sinon en le ramenant au cœur des rapports sociaux de sexe en contexte scolaire ?

Conclusion

Trois indicateurs ont servi à situer la réalité des écarts de réussite scolaire entre les garçons et les filles. Le tableau aurait pu être complété par d'autres données, certes, mais celles-ci suffisent à établir une base de comparaison fidèle. En ce qui a trait au rendement, nous avons constaté l'absence de différence entre les garçons et les filles, sauf en langue d'enseignement. Dans ce cas, le milieu socio-économique joue de deux façons : en accentuant les écarts entre les sexes à mesure que décroît l'indice de favorisation; de la même façon, en créant des écarts encore plus importants entre les garçons eux-mêmes. Le lecteur et la lectrice ont pu constater ensuite que non seulement le taux de décrochage scolaire des unes et des autres a diminué considérablement ces trois dernières décennies, mais qu'en plus la persévérance des garçons québécois se compare avantageusement à celle des autres garçons sur le plan international.

Au Québec, cette position avantageuse a été ignorée parce que les filles ont fait mieux. Pourquoi est-ce une mauvaise nouvelle? Il ne s'agit pas ici d'un jeu de vase communicant où ce qui est mérité par les filles enlèverait quoi que ce soit au mérite des garçons. L'analyse des sorties du système scolaire avec diplôme montre par ailleurs que plus de filles que de garçons le quittent après un baccalauréat, ce qui est, dans un cas comme dans l'autre, conforme aux aspirations scolaires mesurées une décennie plus tôt. Cela pourrait s'expliquer par l'existence de deux réalités inégales : d'une part, le marché du travail offre de façon générale des conditions plus intéressantes aux garçons dès le premier diplôme obtenu, d'autre part, les filles doivent faire des années d'études supplémentaires pour les rattraper.

Enfin, le personnel scolaire québécois affiche une tendance très nette à gonfler les difficultés scolaires des garçons et, simultanément, à sous-estimer celles des filles. Les répondants le font plus volontiers que les répondantes. Ces représentations déforment la réalité. La même enquête nous apprend que les médias sont la source d'information la plus largement utilisée par le personnel scolaire quant aux écarts entre les garçons et les filles. Très peu de répondants et de répondantes ont eu recours à des sources scientifiques et ont suivi une formation sur le sujet (Bouchard et St-Amant, 2007). Or, on connaît tout le battage médiatique entourant cette question, les pressions masculinistes pour l'alimenter, son traitement réducteur trop souvent axé sur « la guerre des sexes ». On connaît aussi l'emphase démesurée mise sur le « malaise des garçons », et il nous faut constater qu'une portion non négligeable du personnel scolaire en a subi l'influence. Il y a fort à parier, par ailleurs, que semblable sondage auprès de l'ensemble de la population aurait donné des résultats très similaires. Raison de plus pour rendre facilement accessibles les résultats de recherche.

2

La désaffection
de certains garçons

DANS certaines circonstances, la culture
masculine fabrique la désaffection envers
l'école. Nous avons fait référence à ce processus
d'auto-exclusion dans le chapitre précédent.
L'analyse de certaines pratiques de masculinité
à l'école fournit une voie d'entrée pour en comprendre la dynamique. Nous reprenons pour
l'illustrer des extraits d'un article démontrant
que certaines conceptions de l'identité masculine amènent des garçons, le plus souvent ceux
qui sont issus de milieux socio-économiques
faibles, à se distancier de l'école et de ses exigences (Bouchard, St-Amant et Gagnon,
2001). Le matériau d'analyse est tiré de recherches qui distinguent systématiquement l'ordre

d'enseignement (P = primaire, S = secondaire), les résultats scolaires (D = difficultés, M = moyen, R = réussite) et les milieux socio-économiques (F = faible, A = aisé). Nous avons signalé par un F les témoignages provenant de filles.

Mais d'abord, que désigne-t-on quand on parle de masculinité ? Nous retenons comme point de départ la définition que propose Connell (1995), soit un composite de trois éléments : « La place occupée dans les rapports sociaux de sexe, les pratiques par lesquelles les hommes et les femmes établissent ces rapports, enfin les effets de ces pratiques sur les expériences corporelles, la personnalité et la culture. » (Connell, 1995 : 71) L'accent est mis sur la place occupée dans les rapports entre les hommes et les femmes – comme rapports de pouvoir – plutôt que sur la masculinité conçue comme une essence ou une norme. Ainsi, le « sexe » est compris comme une catégorie construite socialement, issue de places inégales dont les effets se saisissent dans les interactions concrètes.

Nous présentons ici trois aspects des pratiques de masculinité : la distanciation scolaire,

les interactions avec les filles et, enfin, la différenciation de sexe.

La distanciation scolaire

La perception négative de l'école, le désinvestissement ainsi que la culture du jeu consti-
tuent autant d'indices de la distanciation scolaire présente à divers degrés chez des jeunes
Québécois.

Une perception négative de l'école

Bien que la plupart des garçons du primaire
et du secondaire conviennent que l'école est
aussi un lieu pour apprendre, la majorité
d'entre eux ne la fréquenterait pas si elle deve-
nait optionnelle. Les autres invoquent des
motivations extrinsèques, telle la nécessité
d'obtenir un diplôme pour se tailler un avenir,
le besoin de voir les amis et, dans une moindre
mesure, l'insistance de la mère. Le témoignage
suivant d'un garçon du primaire illustre la
contrainte qu'il vit : « Le plus important pour
moi, c'est [...] ne pas avoir de conséquences.
Cela ne serait pas moi qui déciderais, ce serait
ma mère et elle m'obligerait à venir. Si c'était
juste moi, je ne viendrais pas. » (PRF)

(Bouchard *et al.*, 2000 : 81) Gagnon a rencontré le même genre de perception dans les discussions entre garçons du primaire: « Oui, on se parle de l'école entre gars. On se dit que c'est "plate"... » (PDA) (Gagnon, 1999 : 25)

Au secondaire, ni le milieu d'origine ni les résultats scolaires ne conduisent à distinguer entre les groupes de garçons, et la perception négative de l'école reste prédominante (Bouchard *et al.*, 1997). Au-delà du discours social sur la nécessité du diplôme, l'école est vécue comme une contrainte imposée de l'extérieur et aucun indice de motivation intrinsèque – aimer l'école pour elle-même – ne transparaît. Seuls échappent à cette constante un nombre restreint de garçons parmi ceux qui combinent à la fois résultats scolaires élevés et milieu socio-économique favorisé (Bouchard *et al.*, 1997).

Consentir les efforts nécessaires

L'enquête de Gagnon au primaire montre que plusieurs garçons se rebiffent devant les efforts demandés : « L'école, moi je n'aime pas tellement ça à cause de mon professeur et du travail. Je trouve qu'elle donne trop de travail. » (PDA) (Gagnon, 1999 : 19) Une telle attitude est particulièrement manifeste chez ceux qui connaissent des difficultés scolaires (Bouchard *et al.*, 2000).

La majorité d'entre eux souhaiterait moins de travaux en classe, et surtout, moins de devoirs à la maison. Ils apprécieraient moins d'heures de cours par jour, de même que moins de jours de classe dans l'année. Bref, une « école à temps partiel » : « Une école idéale, ce serait celle où l'on nous laisserait faire tout ce qu'on veut. On n'aurait pas de devoir […] Ce ne serait pas long, environ quinze minutes. Je voudrais aussi qu'il y ait plus de temps de récréation. » (PMA) (Gagnon, 1999 : 99)

Dans ce contexte, le travail scolaire est vu comme un fardeau, ce dont même certains performants rendent compte. La loi du moindre effort et la distanciation scolaire qu'elle implique se traduisent par du désinvestissement, tant à la maison qu'à l'école. Des parents d'enfants du primaire confirment la désaffection de leurs garçons et la nécessité pour eux d'intervenir constamment (Gagnon, 1999 ; Bouchard *et al.*, 2000).

Au secondaire, certains manifestent aussi cette attitude à la maison. Dans les familles biparentales par exemple (N = 1387), près de la moitié des garçons (46%) déclarent avoir consacré moins d'une heure à leurs travaux scolaires à la maison dans la semaine précédant l'enquête (contre 34% des filles) (Bouchard et St-Amant, 1997). Certaines matières sont préférées à d'autres en fonction des efforts demandés. L'un d'eux justifie son goût pour les arts plastiques par l'attitude de son professeur : « Parce que [nom du professeur], tu y dis que ça te tente pas de le faire, il dit : "C'est beau, reste assis". C'est vrai pareil, il est "smatte" au "boutte". » (SDF) (Bouchard *et al.*, 1997 : 45) Le critère du moindre effort sert donc à situer les jugements portés sur le personnel enseignant. Certains garçons ne tiennent pas en très haute estime celui qui est exigeant et, à l'inverse, préfèrent celui qui est laxiste (Gagnon, 1999 ; Bouchard et St-Amant, 1997).

La vision négative qu'ils ont de l'école et le refus de fournir les efforts nécessaires pour réussir traduisent le phénomène de la distanciation scolaire, mais aussi celui de la culture du jeu.

La culture du jeu

Les garçons de tous les groupes du secondaire (Bouchard *et al.*, 1997) mentionnent leur engouement pour les sports, l'éducation physique ou, dans certains cas, les arts plastiques. L'attirance pour les diverses activités ludiques est confirmée également par les jeunes du primaire. Quand la chercheuse interroge les garçons sur leurs sujets de conversation entre eux, les propos recueillis renvoient à la primauté de la culture du jeu à l'école : « C'est surtout les sports. L'école, c'est bien rare. » (PMF) (Gagnon, 1999 : 25)

Les résultats de l'enquête par questionnaire vont dans le même sens de deux façons. D'abord, devant l'assertion selon laquelle « le sport est l'activité qui m'intéresse le plus à l'école », les garçons (N = 977) ont signifié leur accord à hauteur de 69 % (contre 45 % pour les filles), plus particulièrement ceux qui sont issus d'un milieu familial faiblement scolarisé (Bouchard et St-Amant, 1996). De même, en ce qui a trait à leurs loisirs, 85 % d'entre eux déclarent préférer le sport à la lecture, et les trois quarts, les jeux vidéo à l'écriture (Bouchard et St-Amant, 1996).

Dans certains cas, l'indiscipline constitue aussi une forme de jeu. Ainsi, ce garçon qui « aime » le cours de français parce qu'il s'en fait expulser : « Moi, c'est le français, c'est le "fun" parce qu'on fait "tripper" le prof. Quand il te sort du cours, il ne te dit pas d'aller à l'administration. Ça fait qu'on se promène dans l'école. » (SDF) (Bouchard *et al.*, 1997 : 45) Pourquoi une telle pratique ? Il faut savoir que 56 % des garçons du secondaire (contre 21 % des filles pour l'énoncé équivalent) s'accordent à dire que « pour un garçon, faire le clown est une façon de s'affirmer face aux professeurs » (Bouchard et St-Amant, 1996 : 215). Bref, le processus de distanciation se donne à voir dans le rapport à l'école de certains garçons. Il se manifeste par une représentation négative de l'école, l'intention de faire le moins possible d'efforts au profit d'une culture du jeu omniprésente. L'hédonisme de ces garçons se traduit par un désinvestissement scolaire progressif à la maison comme à l'école. Ce phénomène ne varie que très peu suivant les résultats scolaires ou les milieux socio-économiques. Il ne présente pas de rupture entre le primaire et le secondaire. Il constitue une des premières caractéristiques associées aux pratiques de masculinité. Dans le contexte actuel des écarts de réussite scolaire entre les garçons et les filles, la distanciation scolaire démarque les deux groupes.

Plusieurs garçons n'aiment pas l'école. Mais encore faut-il vérifier si la distanciation scolaire en est la seule explication. La question vaut d'autant plus qu'une minorité d'entre eux – parmi les plus performants – affiche par ailleurs certains indices de proximité scolaire (Bouchard *et al.*, 1997). D'autres données, tirées de l'analyse de leurs interactions avec les filles, montrent que la rivalité entre les sexes constitue une raison supplémentaire.

Les interactions avec les filles

Les pratiques de masculinité fondent un rapport social, nous l'avons dit. Voyons maintenant comment il se structure dans les interactions avec les filles, soit dans la compétition avec elles, dans le refus de généraliser leurs bonnes performances et dans le refus d'être dépassés par elles. Les filles ne sont pas sans y opposer des résistances.

La compétition avec les filles

La majorité des garçons du niveau primaire disent ne pas comparer leurs notes entre eux. Si quelques-uns le font parmi les performants, ce n'est pas pour se mesurer, car le fait de comparer ses notes équivaut à braver les autres : « Je dois dire qu'il n'y a personne qui va aller écœurer quelqu'un parce que celui-ci a une note plus basse. » (PRA) (Gagnon, 1999 : 51) Une telle attitude leur attirerait plus de brimades que de félicitations.

Pour ce qui est des garçons non performants, ils déclarent ne pas être intéressés par les notes. Selon eux, seules les filles feraient ce type de comparaison, ce qui provoquerait des disputes : « Bien, dans ma classe, les gars ont de moins bonnes notes que les filles et ça s'écœure là-dessus. Mettons que les filles leur demandent leurs notes, c'est là que la chicane commence. » (PMF) (Gagnon, 1999 : 52)

Toutefois, la description de cette dynamique est quelque peu différente, selon le témoignage de cette élève du primaire :

Il y en a un à côté de moi qui me demande souvent "Quelle note t'as eue?" Je lui dis ma note, je lui dis que j'ai eu plus fort que lui. Puis je lui dis qu'il a plus fort que moi au soccer parce que sinon il dirait au monde : "Regardez, elle est bolée, est bolée !" (Fille PMF) (Gagnon, 1999 : 52).

À une certaine forme d'étiquetage découlant de ses bons résultats scolaires, cette fille développe une stratégie compensatoire qui consiste à ménager son compagnon masculin et à le valoriser sur « son propre terrain ».

Le refus de la bonne performance des filles

Au secondaire, trois groupes de garçons sur quatre refusent d'attribuer une bonne performance aux filles (Bouchard *et al.*, 1997). Ils affirment d'abord que « ça n'a pas de rapport » avec le sexe ou ils donnent en exemple une connaissance ou un ami pour invalider l'affirmation. Le rendement varierait, selon ces groupes, en fonction des intérêts plutôt que du sexe.

Quant au groupe en difficulté scolaire de milieu défavorisé, il accepte la généralisation à l'effet que les filles sont meilleures. Alors que les autres groupes se servent de l'exemple individuel pour invalider l'affirmation, ces garçons au contraire l'utilisent pour la confirmer. L'argument est à l'effet qu'une fille de leur connaissance a obtenu une note parfaite lors d'un examen en mathématiques. On se défend bien, par contre, d'attribuer aux filles une caractéristique qui aurait pour conséquence de rabaisser les garçons : « C'est pas à cause qu'elles sont fortes, c'est parce qu'elles comprennent. Elles comprennent tout de suite. » (SDF) (Bouchard *et al.*, 1997 : 48) L'idée d'inversion des rapports de pouvoir entre les sexes fait réagir.

Cependant, en ce qui a trait à l'hypothèse d'une meilleure performance des garçons en sciences et en mathématiques, ils sont plutôt d'accord avec la généralisation. C'est la position qu'adoptent trois des quatre groupes de garçons rencontrés, le groupe performant de milieu aisé faisant exception (Bouchard *et al.*, 1997).

Le refus d'être dépassés par les filles

Que ce soit au niveau primaire ou au secondaire, une large majorité de garçons s'entend sur le fait que les filles s'investissent beaucoup plus dans leurs études, qu'elles sont plus sérieuses et attentives, et qu'elles semblent aimer l'école. Cependant, l'hypothèse qu'elles pourraient réussir mieux tout en étudiant moins les agace, et ils refusent de laisser s'installer une comparaison qui les désavantagerait, remettant en cause leur identité de genre : « Les filles sont meilleures parce que les gars se forcent moins. » (SDA) (Bouchard *et al.*, 1997 : 105) Dans un autre groupe (SRF), l'un utilise un procédé de réduction en avançant que sa sœur doit étudier beaucoup plus que lui pour en arriver à des résultats équivalents (Bouchard *et al.*).

En somme, en ce qui a trait à la compétition à l'école, la constatation que les filles obtiennent de meilleurs résultats fait surgir une même opposition et, cela, chez les garçons des deux niveaux scolaires. Pourquoi les garçons réagissent-ils négativement à des situations qui mettent les filles en valeur ? Le fait que la comparaison ne les avantage pas constitue sans doute une raison valable. Mais il faut aussi voir qu'il s'agit à leurs yeux d'un groupe socialement considéré comme inférieur, ce à quoi les filles offrent des résistances.

Les résistances

Très peu de garçons optent pour le qualificatif « facile » dans leur appréciation des relations entre les garçons et les filles, notamment à l'école primaire. En fait, il n'est pas très bien vu d'accepter la compagnie des filles (Gagnon, 1999). Le tabou est suffisamment fort pour amener des garçons à entretenir à leur endroit des relations teintées de violence : « Des fois, on s'amuse à les faire tomber, on les agace. » (PRF) (Bouchard *et al.*, 2000 : 65)

Au secondaire, les groupes sont partagés et, pour une moitié, les relations sont relativement faciles « si tu te tiens », précise un répondant, signifiant par là qu'il doit éviter l'humour sexiste devant les filles (Bouchard *et al.*, 1997 : 115). Les groupes qui estiment les relations difficiles donnent des exemples. La conversation qui suit porte sur un type de filles qu'ils ont de la difficulté à supporter, soit celle qu'ils perçoivent comme féministe :

> – X, c'est une pioche, elle est style féministe endurcie. Elle parle de ses amours en classe [...]
> – Pour elle, tous les gars, c'est des écœurants, des salauds.
> – Oui, c'est tous des écœurants sauf qu'elle a 7 à 8 'chums' par semaine.
> – Si un gars lui fait quelque chose, tous les gars sont comme ça. [...]
> – On s'en fout, c'est une folle.
> (SRA) (Bouchard *et al.*, 1996 : 126)

Le groupe en réussite scolaire de milieu défavorisé refuse aussi de côtoyer des filles qui revendiquent leurs droits. En fait, ils craignent les femmes « trop » intelligentes de peur qu'elles soient féministes (Bouchard *et al.*, 1997).

Le processus d'infériorisation apparaît dès l'école primaire. Les garçons apprennent à considérer que le groupe féminin est différent, c'est-à-dire que le groupe masculin constitue la norme.

La différenciation de sexe

Les pratiques de masculinité se circonscrivent aussi dans la façon de se concevoir comme homme, de définir les femmes et de se positionner quant à l'homosexualité.

Les hommes sont ... ?

Les garçons du primaire de l'enquête de Bouchard *et al.* (2000) parviennent très difficilement à décrire ce qui caractérise les hommes. Pour l'un, la distinction est évidente : « Juste en regardant on le sait. Les hommes ont les cheveux courts. Les femmes font plus de travail à la maison. » (PRF) (Bouchard *et al.*, 2000 : 84)

Au secondaire, la difficulté à décrire ce que sont les hommes – ou encore ce que serait l'homme idéal – perdure dans tous les groupes. Les garçons répondent qu'ils ne le savent pas ou qu'ils n'y ont jamais pensé (Bouchard *et al.*, 1997). Ils s'en excusent d'ailleurs en faisant un lien insolite : « Bien là, on n'est pas des tapettes. » (SRA) (Bouchard *et al.*, 1997 : 106 et 115)

De la dynamique de groupe émerge cependant, ici et là, un certain nombre de caractéristiques : l'allure virile, la fidélité, la responsabilité et la capacité d'aimer. Les garçons de milieu aisé, qui réussissent à l'école, critiquent le modèle masculin du « macho », bien qu'ils avouent le jouer à l'occasion. Ils recherchent en fait un certain équilibre entre différents types de masculinité présentés socialement: « [L'homme idéal], il ne faut pas qu'il soit ni "macho" ni un homme rose, comme on dit. Quand tu es entre les deux, je pense que c'est ça qui est correct. » (SRA) (Bouchard *et al.*, 1997 : 114)

Aucun consensus, toutefois, contrairement à ce qui se passe quand il s'agit de définir la femme idéale. Il semble que ce soit surtout dans le pouvoir de définition des femmes que se construit leur masculinité.

Les femmes sont différentes : l'objectivation sexuelle

En ce qui concerne les caractéristiques des femmes, les garçons hésitent peu. Contrairement à l'école primaire où ils référaient surtout à l'univers familial, au secondaire, ils témoignent de l'intégration d'une nouvelle dimension: l'objectivation sexuelle des femmes. Un nombre limité de caractéristiques fait surface dans tous les groupes pour décrire la femme idéale. L'apparence physique vient en tout premier lieu, comme dans cet extrait d'entrevue : « Moi, c'est une belle femme, assez bâtie [montre les seins]. De belles formes. Pas des choses qui pendent jusqu'aux genoux. Au moins qui se tiennent. » (SDF) (Bouchard *et al.*, 1997 : 49)

La dynamique de groupe amène à réfléchir sur l'opposition, construite dans le discours dominant, entre beauté et intelligence. Dans tous les groupes, les garçons reprennent sous une forme ou une autre cette préoccupation. Ainsi, cette bribe de discussion : « Une fille qui est belle, mais pas trop tarte non plus [Rire de tout le groupe]. C'est la mentalité qui compte. Elle a bien beau être belle, mais si elle est épaisse. » (SRA) (Bouchard *et al.*, 1997 : 114)

Les garçons axent leur définition des femmes sur la sexualité. Les garçons en difficulté scolaire de milieu défavorisé, quant à eux, y ajoutent des pratiques dévalorisantes :

– [...] ça c'est la déesse. On l'appelle la déesse parce que l'année passée, elle s'est fait sauter dans une toilette.

– Si tu veux te faire faire quelque chose par elle, il faut que tu prennes un rendez-vous. (SDF) (Bouchard *et al.*, 1997 : 39)

Dans les trois autres groupes, on cherche à expliquer qu'il y a une marge entre le discours des garçons et la réalité : « C'est plus une réputation [à soutenir] », précise-t-on (SDA) (Bouchard *et al.*, 1997 : 105). D'autres, tout comme les jeunes du primaire, revendiquent d'autres modes de relations avec les filles : « Ça dépend du monde. Il y a des gars pour qui c'est juste "la tuyauterie", il y en a d'autres, c'est comme les filles, des relations normales. » (SRA) (Bouchard *et al.*, 1997 : 114)

Si la définition des « autres » – et par consé-quent la définition de soi – passe par la sexua-lité, quelle conception ont les garçons des pra-tiques homosexuelles masculines ?

Les homosexuels sont-ils des hommes ?

Au primaire, de façon large, les jeunes ne croient pas que des pratiques homosexuelles changent quoi que ce soit à la masculinité (Bouchard *et al.*, 2000).

Au secondaire, par contre, il en va tout autrement. Dans l'enquête par questionnaire, 54% des répondants (contre 20% des filles) considèrent que les gais ne sont pas de vrais hommes (Bouchard *et* St-Amant, 1996). Trois groupes sur quatre dans l'enquête par groupe de discussion (Bouchard *et al.*, 1997) – excluant le groupe SDA –, témoignent de cet hétérosexisme. Les arguments sont de trois ordres : 1° ils ont le droit d'être homosexuels si on ne les voit pas (« pas trop publiquement ») ; 2° ils ont le droit d'être homosexuels, mais surtout qu'ils ne s'adressent pas à nous (« tant qu'il essaye pas de me violer ») ; 3° ils ont un côté efféminé qui est offusquant (« quand tu vois un homme charpenté qui va s'acheter des petites "bobettes" roses... ») (Bouchard *et al.*, 1997 : 62 et 115).

Les propos cités condensent la pensée d'une majorité de garçons provenant des deux milieux socio-économiques et qui réussissent à l'école. Les garçons de milieu socio-économique faible qui sont en difficulté ont des positions beaucoup plus tranchées. Non seulement l'hétérosexisme est-il présent comme chez les précédents, mais leurs propos sont aussi teintés d'homophobie. L'un d'eux s'exprime à ce sujet : « Mon cousin est homosexuel. Moi, si je virais homosexuel, je me tirerais une balle dans la tête. Mais, c'est son droit à lui, si les femmes l'attirent pas, c'est son droit... » (SDF) (Bouchard *et al.*, 1997 : 50) Certains font preuve de plus d'ouverture par rapport à l'homosexualité (SDA et quelques garçons dans les groupes qui réussissent dans chacun des milieux). Toutefois, en situation de groupe, l'ouverture manifestée provoque rapidement des réticences chez les autres.

Conclusion

Ce bref tour d'horizon de l'univers de jeunes garçons québécois montre à quel point ce qu'il est convenu d'appeler le milieu scolaire peut être considéré tout autant comme un milieu social qui, au-delà de la transmission de certains savoirs institutionnels, participe à la construction des identités de sexe. Connell (1989) reconnaît à l'école ce rôle d'agente de construction de la masculinité. Il avance cependant que c'est le rendement scolaire qui détermine la production par l'école de types de masculinités. Pour notre part, les divers témoignages que nous avons recueillis tendent plutôt à montrer l'inverse, à savoir que c'est le processus de construction des identités de sexe – processus à la fois scolaire et social – qui se répercute sur le rendement scolaire. Nous avons vu que les pratiques de masculinité se comprennent dans une dynamique de distanciation scolaire: certains garçons cultivent une vision négative de l'école et tendent à se désinvestir, que ce soit à la maison ou à l'école. Ils évoluent dans le cadre d'une culture du jeu où prime l'intérêt pour diverses formes d'activité ludique et sportive. Dans les interactions avec les filles, ces garçons ne sont pas sans se comparer au sujet de leurs notes. Ils se refusent à reconnaître aux filles, comme groupe, une meilleure performance scolaire, position qui s'explique par le refus d'être dépassés par des filles, c'est-à-dire par un groupe que par ailleurs on infériorise. Cette riposte se fonde d'abord sur la différenciation de sexe. Bien qu'incapables à toutes fins utiles de définir ce qu'ils sont comme garçons ou comme hommes, les femmes d'une part, les hommes homosexuels d'autre part, servent de contre-modèles pour déterminer ce qu'ils ne sont pas. Ce processus passe, chez les garçons du secondaire interrogés, par l'objectivation sexuelle des femmes.

Ainsi, le conformisme de certains garçons sur le plan de leurs représentations des identités de sexe les amène, dans la pratique, à reléguer au second plan les attitudes et les comportements associés à la réussite éducative.

Au fil des témoignages, il est devenu évident que les pratiques de masculinité varient suivant divers paramètres. Particulièrement, les garçons performants de milieu favorisé se démarquent sur plus d'un point. Ils ont surtout développé leur autonomie par rapport à des normes sociales qui les enferment dans des rôles préfabriqués et les privent de leur plein potentiel. Sur le plan du rapport à l'école, ils semblent peu touchés par le processus d'auto-exclusion.

3

Cul-de-sac

UNE mauvaise lecture de la situation risque de conduire à des interventions éducatives inefficaces, voire nocives. C'est la conclusion à laquelle nous sommes parvenus après analyse des bases sur lesquelles reposent les projets destinés uniquement aux garçons du primaire et du secondaire québécois, en cours pendant l'année scolaire 2003-2004. Dans la première partie de ce chapitre, nous reprenons l'essentiel de l'argumentation en faveur de la mixité en milieu scolaire, alors que le recours à la non-mixité constitue le cul-de-sac le plus souvent emprunté pour tenter d'aider les garçons. Ensuite, deuxième fausse piste, nous montrerons pourquoi le recours souhaité à un plus grand nombre de professeurs masculins à l'école ne constitue pas non plus une solution susceptible d'apporter les changements souhaités. Enfin, plusieurs projets en vigueur dans les écoles confirment le retour en force des stéréotypes sexistes. Encore là, nous allons présenter les risques qui y sont rattachés.

La non-mixité

La non-mixité à l'école comme outil d'intervention en faveur des garçons a fait l'objet d'une analyse en profondeur. En effet, soumis aux mêmes pressions qu'au Québec, le ministère de l'Éducation d'Australie a jugé bon, en mars 2001, de commander une étude à des spécialistes universitaires afin de faire le point sur « les besoins éducatifs des garçons », et le thème de la non-mixité y est scruté. Le rapport (Lingard *et al.*, 2002) contient une foule de renseignements qui viennent corroborer des résultats de recherche obtenus en situation québécoise. D'abord, comment le personnel scolaire québécois évalue-t-il l'efficacité de la non-mixité ? Il a été invité à réagir face à deux propositions distinctes : 1° La réussite scolaire des garçons s'améliore en situation de non-mixité ; 2° la réussite scolaire des filles s'améliore en situation de non-mixité.

Dans un cas comme dans l'autre, la proportion de ceux et de celles qui ne se prononcent pas est relativement élevée, soit 43 % dans le cas des garçons et 47 % dans le cas des filles. Des informations sur le thème leur seraient certes nécessaires. Un peu plus de 40 % des répondants et des répondantes affirment que la non-mixité aiderait les garçons, soit presque trois fois plus que ceux et celles qui croient que l'affirmation est fausse. En ce qui a trait à la réussite des filles, l'accord se réduit sensiblement avec une augmentation à la fois des désaccords (7 %) et des indécis (4 %). Deux poids, deux mesures ! Et deux constats : d'une part, la non-mixité est vue comme étant plutôt susceptible d'aider les garçons, ce qui va de pair avec la perception de 45 % des répondants et 30 % des répondantes selon laquelle « les hommes et les garçons sont en perte d'identité » (Bouchard et St-Amant, 2007) ; d'autre part, cette prise de position différenciée sur la base du sexe correspond aux prétentions mises de l'avant par la mouvance masculiniste.

En comparant les diverses interventions dans les écoles et en évaluant leurs effets sur les garçons, les auteurs du rapport australien en arrivent aux constats suivants concernant la non-mixité :

1° L'introduction de la non-mixité dans les écoles ne produit en soi aucune amélioration des apprentissages des garçons, ni de leurs résultats scolaires.

2° Il existe certains risques très réels associés à la formation de classes non mixtes. D'une part, le fait de concevoir les garçons comme un groupe homogène, avec les mêmes besoins éducatifs, parce qu'ils sont de même sexe, s'avère contre-productif en ce qui a trait aux apprentissages. Sur le plan pédagogique, il s'agit là en effet d'une base d'intervention fausse car les garçons ne sont pas tous pareils, ils n'ont pas tous les mêmes besoins éducatifs, et une fraction d'entre eux seulement éprouvent des difficultés à l'école. Ainsi, les classes de garçons – comme les classes de filles – comprennent une bonne proportion de jeunes qui évoluent sans difficulté particulière, et un nombre plus restreint qui, lui, aurait besoin d'une attention plus spécifique.

D'autre part, certaines interventions pédagogiques dans les écoles ou les classes de garçons ont entraîné une diminution des attentes du personnel enseignant envers ces garçons et une réduction des exigences, notamment par des contenus diminués. Cet effet n'a pas toujours été perçu par le personnel enseignant en place. Il influence la façon de concevoir les groupes de garçons, c'est-à-dire de les considérer en « déficit culturel ». Le personnel enseignant montre alors une tendance à ajuster à la baisse ses objectifs d'apprentissage plutôt que d'interroger ses préconceptions et ses pratiques pédagogiques. Dans certains cas, souvent pour des questions de comportement et d'indiscipline associées aux garçons, l'école a choisi une approche autoritaire qui a eu un effet négatif, tout particulièrement sur les garçons en difficulté. Les auteurs y opposent l'exemple d'une école centrée sur le développement des relations positives et authentiques avec les jeunes, et où le rendement scolaire des garçons s'est amélioré. Dans cette dernière école, ils étaient plutôt encouragés à se responsabiliser face à leur apprentissage et à leur conduite.

Toujours parmi les risques associés à la création de groupes non mixtes, le fait d'adapter les contenus en visant des intérêts qu'on associe aux garçons (par exemple, proposer des thèmes de lecture jugés « plus masculins ») n'est pas nécessairement avantageux, à moins de s'assurer que le traitement qu'on fait de cette « matière » suscite l'engagement intellectuel, non seulement l'intérêt ou l'attrait. Par ailleurs, dans cette approche, il y a des risques que les représentations stéréotypées de la masculinité soient véhiculées sans remise en question. Les auteurs font remarquer à cet effet que certaines d'entre elles se construisent justement sur une opposition à l'univers scolaire. Ou encore, par l'homophobie qu'elles véhiculent, elles risquent de nuire à nombre de jeunes qui ne correspondent pas aux modèles masculins dominants.

3° Les écoles parmi les plus efficaces sont celles qui ont un fort engagement tant envers les garçons qu'envers les filles. Cela veut dire qu'elles ont conçu une politique globale concernant les deux sexes. Une telle politique se traduit dans un engagement pour l'égalité et accorde autant d'importance à l'éducation d'un sexe qu'à l'autre. Cette conclusion spécifique est corroborée par d'autres travaux qui établissent un lien entre une réussite scolaire améliorée et le fait de discuter en classe des questions ayant trait aux statuts relatifs des hommes et des femmes dans la société.

4° Les écoles qui ont obtenu les meilleures améliorations dans le rendement scolaire des garçons sont celles qui ont su abandonner des stratégies qui ne fonctionnaient pas pour réorienter leurs interventions vers les garçons et les filles qui en avaient besoin. Très concrètement, cela a signifié l'abandon de la non-mixité et l'élaboration de nouvelles pratiques pédagogiques centrées sur les besoins éducatifs de tous les jeunes en difficulté. Nous y reviendrons dans le prochain chapitre.

Le taux de féminité du personnel scolaire

Outre le recours à la non-mixité, plusieurs études présentent l'augmentation du nombre de professeurs masculins comme solution aux difficultés scolaires des garçons. Dans l'étude sur le personnel enseignant québécois citée précédemment, 61 % des répondants et 47 % des répondantes jugent qu'« au primaire, le manque de modèles masculins dans la classe contribue aux difficultés scolaires des garçons » (Bouchard et St-Amant, 2007). Implicitement, les enseignantes sont tenues responsables de la situation des garçons jugée difficile. Les préjugés les plus courants renvoient à un système scolaire dit féminisé, notamment au niveau d'enseignement primaire où le taux élevé du personnel enseignant féminin s'accompagnerait de l'insuffisance de modèles masculins, de la promotion de valeurs dites féminines ou du rejet de valeurs dites masculines. Avant de voir quelles seraient les conséquences d'un tel changement sur les résultats scolaires, voyons où se situent à cet égard les perceptions du personnel scolaire québécois auquel on a demandé de se prononcer sur l'énoncé suivant : « Au primaire, plus la proportion du personnel enseignant féminin est grande, plus les écarts de réussite scolaire entre garçons et filles sont grands. »

L'affirmation représente une vision plutôt mécaniste de la relation supposée entre les deux phénomènes. Encore ici, le groupe le plus nombreux recoupe ceux et celles qui déclarent ne pas savoir, soit 44 % de l'ensemble. Parmi ceux qui se prononcent, on compte plus d'hommes qui y croient que d'hommes qui la réfutent, alors que c'est l'inverse qui se produit chez les femmes. Globalement, il s'agit tout de même d'une personne sur quatre qui tient cet énoncé pour vrai.

Dans la même veine et pour compléter le tableau, la même enquête révèle que seulement 18% des répondantes et la même proportion de répondants sont « assez » ou « tout à fait » d'accord avec l'énoncé selon lequel « les élèves de sexe féminin apprennent plus facilement avec une enseignante », sans égard à l'ordre d'enseignement. Quant à savoir si « les élèves de sexe masculin apprennent plus facilement avec un enseignant de sexe masculin », la proportion (dans les mêmes choix de réponse) grimpe à 32 % des hommes et 29 % des femmes (Bouchard et St-Amant, 2007). Il semble donc que pour une fraction – minoritaire, rappelons-le – du personnel scolaire québécois, les hommes et les femmes peuvent enseigner aux filles, mais seuls les hommes devraient enseigner aux garçons. Cette perception ne provient d'aucune base scientifique mais reflète bien la résurgence des stéréotypes et des inégalités qu'ils secrètent.

Pourtant, et l'enquête australienne évoquée plus haut le confirme sans ambiguïté, le sexe du personnel enseignant n'a pas d'impact sur les résultats scolaires (femme ou homme avec groupe de garçons, femme ou homme avec groupe de filles). C'est la qualité de la relation entre la personne qui enseigne et les élèves qui constitue le facteur primordial dans l'atteinte de bons résultats, tant chez les garçons que chez les filles. Ce résultat de recherche contredit encore ici la théorie du déficit de modèles masculins à l'école.

Cinq sources supplémentaires de renseignement vont dans le même sens. Le rapport du Conseil supérieur de l'Éducation, *Pour une meilleure réussite scolaire des garçons et des filles* (1999), souligne qu'il n'y a pas de lien démontré entre la proportion de femmes qui enseignent et les écarts de réussite entre garçons et filles. Dans certains pays, le système scolaire présente à la fois des taux de féminité élevés et très peu d'écarts de réussite entre les sexes, alors que dans d'autres cas, le taux est plus bas et les écarts plus grands. Par ailleurs, en France, une analyse sur le plan historique montre que le rattrapage des filles dans le système scolaire de ce pays a débuté avant la féminisation de la profession enseignante. En clair, les filles ont commencé à dépasser les garçons alors qu'elles avaient encore des enseignants masculins. Il est évident que « l'effet » ne peut précéder « la cause », et on doit chercher ailleurs les explications de ce phénomène. Ensuite, une recherche américaine menée par un spécialiste des masculinités a remonté aux sources de cette assertion. Il la qualifie de préjugé (« prejudice »), maintes fois répété, mais que les faits ne peuvent confirmer (Plech, 1989: 132). Plus récemment, une analyse internationale des articles scientifiques parus ces dernières décennies sur le sujet conclut qu'il ne s'agit là que d'un mythe qui refait surface épisodiquement (Whitehead, 2006).

Enfin, en 2000-2001, Bricheno et Thornton (2002) ont mené une recherche sur ce thème précis dans 846 écoles britanniques choisies au hasard au sein du réseau d'enseignement primaire et du premier cycle secondaire (« junior schools »). De chacune des écoles, les auteur-es ont retenu le nombre d'hommes et de femmes qui y enseignent, le sexe de la direction, les résultats scolaires des jeunes la fréquentant, la proportion de ceux et de celles qui sont classés en difficulté d'apprentissage, le secteur géographique ainsi que le caractère urbain ou rural de la localité. L'étude répond à deux interrogations : 1° Quelle est la relation, le cas échéant, entre le taux de féminité / masculinité et les résultats aux examens du primaire et du début du secondaire ? Cette question est posée afin de vérifier si l'appel lancé par le gouvernement britannique pour recruter plus d'hommes à l'enseignement primaire a effectivement des chances d'améliorer les résultats. 2° La proportion d'hommes et de femmes dans une école a-t-elle un lien quelconque avec la taille, le type ou le succès de celle-ci? Il s'agissait, dans ce cas, de vérifier des liens éventuels entre les résultats scolaires et un certain nombre de caractéristiques de chacune des écoles.

À la première question, l'étude indique que les statistiques ne montrent aucune « relation du tout entre le taux du personnel masculin / féminin et les résultats » (Bricheno et Thornton, 2002 : 58 ; notre traduction) ; ainsi peuvent-ils écrire que « le rendement des élèves n'est pas affecté par la proportion d'enseignants masculins » (Bricheno et Thornton, 2002 : 59; notre traduction). Voilà qui est formel ! Quant au deuxième point, les analyses statistiques soulignent un phénomène qui se vérifie aussi au Québec, soit le fait que la proportion de professeurs masculins augmente avec le niveau d'enseignement, ceux-ci étant beaucoup plus présents à la fin du primaire et au secondaire qu'aux premiers cycles du primaire. Par ailleurs, la proportion d'hommes est plus grande dans le cas où la direction d'école est assumée par un homme (42 % des écoles de l'échantillon) ainsi que dans les écoles de plus grande taille. Enfin, la seule relation statistiquement significative entre tous les résultats scolaires (par matière) et une deuxième variable a trait à la proportion d'enfants en difficulté d'apprentissage, indiquant que « le milieu social dont les enfants sont issus paraît plus important que le sexe du professeur dans son effet sur le rendement aux examens » (p. 61 ; notre traduction). Nous avons abordé plus haut l'influence du milieu social sur les difficultés scolaires, une influence différenciée selon le sexe, qui se vérifie également en contexte britannique.

Certains préjugés semblent tenaces et, au Québec, des commissions scolaires tentent maintenant de recruter du personnel masculin pour aider les garçons, comme c'est le cas à l'université dans des facultés d'éducation. De même, des parents interviennent auprès des directions d'écoles pour que leur fils soit inscrit dans une classe dont un homme est titulaire.

Comment le seul fait d'être de sexe masculin peut-il procurer des compétences pédagogiques? Les enseignants forment-ils un groupe homogène? L'homosocialité ne risquerait-elle pas aussi d'encourager des comportements sexistes? Les filles qui réussissent mieux que les garçons à l'université ne le font-elles pas avec une nette majorité d'enseignants de sexe masculin? À ériger ce critère en base de compétence, ne risque-t-on pas au bout du compte d'appauvrir la qualité de l'enseignement? Ce qui desservirait autant les garçons que les filles. Le débat à tenir sur cette question précise doit s'élargir à l'ensemble des ghettos d'emplois, féminins et masculins.

Les discussions entourant le sexe du personnel enseignant comportent, en outre, l'allégation que les valeurs véhiculées à l'école seraient plus féminines que masculines. Deux commentaires s'imposent à ce sujet. D'une part, les valeurs ne sont en soi ni masculines ni féminines. D'autre part, il est tout à fait hasardeux de croire que la transmission de certaines valeurs précises ne se ferait que par un groupe de sexe, à l'exclusion de l'autre. A contrario, et pour choisir cet exemple, ni les hommes ni les femmes ne sont à l'abri des stéréotypes sexuels ou sexistes, les uns et les autres étant susceptibles de les véhiculer à l'ensemble des élèves. Le thème suivant en donne une indication.

Le recours aux stéréotypes

Le deuxième genre d'intervention la plus fréquente en vigueur dans les écoles québécoises consiste en l'organisation d'activités sportives pour les garçons seulement. Questionné à ce sujet, le personnel scolaire est largement d'avis (85 %) que « faire plus d'activités sportives à l'école aiderait les garçons à mieux réussir », le même outil étant jugé beaucoup moins efficace pour les filles, soit à hauteur de 47 % seulement. L'école ne permettrait pas aux garçons d'être suffisamment actifs, disent 82 % des répondants et des répondantes (Bouchard et St-Amant, 2007).

Dans certains cas, les activités organisées par l'école sont modestes et se réduisent à occuper les garçons pendant l'heure du midi. L'objectif reste le même, il s'agit de « faire dépenser de l'énergie ». L'école réprimerait cette énergie présente chez les garçons, pense 70 % du personnel scolaire (Bouchard et St-Amant, 2007). Un tel modèle d'intervention repose sur une conception essentialiste de la masculinité où des liens sont faits entre une caractéristique particulière, ici l'énergie « instinctive », et la réussite à l'école. Il s'agit de stéréotypie. Aux garçons l'activité, aux filles la passivité, semble-t-il, puisque 51 % du personnel scolaire est aussi d'avis que « la docilité des filles explique en partie leur réussite scolaire » (Bouchard et St-Amant, 2007).

Les responsables de ces projets supposent *a priori* que les garçons ont un trop-plein d'énergie et que le fait de le dépenser améliorera le rendement à l'école. Le personnel scolaire québécois souscrit largement à cette lecture, sans distinction statistiquement significative entre les répondants et les répondantes. Il s'agit ici encore d'une illustration du recours aux stéréotypes, comme en témoignent les opinions sur l'énoncé suivant : « Les garçons ont plus besoin de bouger que les filles. »

L'attribution de stéréotypes sexuels passe par la différenciation des sexes. Ainsi, le personnel scolaire québécois a signifié son accord à hauteur de 87 % avec l'opinion selon laquelle les garçons auraient plus besoin de bouger que les filles et, par conséquent, avec l'opinion que les premiers seraient plus impulsifs (72 %) que leurs consœurs et qu'il serait « dans leur nature » de se bousculer entre eux (73 %). Qui plus est, c'est 85 % des répondants et des répondantes qui affirment qu'« un garçon n'apprend pas comme une fille » ! (Bouchard et St-Amant, 2007)

Le fait de recourir à des différenciations selon le sexe et à la catégorisation porte en lui un jugement sur le système scolaire. Ainsi, l'école serait tenue responsable de la situation des garçons dans l'affirmation suivante soumise au personnel scolaire : « Les exigences de l'école correspondent mieux aux caractéristiques des filles qu'à celles des garçons. »

L'énoncé associe certaines caractéristiques aux filles et d'autres aux garçons. Il s'agit là d'assignations identitaires auxquelles souscrit 73 % du personnel scolaire. L'idée d'une école dysfonctionnelle revient dans une autre proposition, où les répondants et répondantes sont 65 % à être « assez » ou « tout à fait » d'accord avec l'idée que « le système scolaire est mal adapté aux garçons » (Bouchard et St-Amant, 2007).

S'ensuivrait le besoin de modifier les pratiques en éducation pour en faire bénéficier les garçons : différencier les pédagogies sur la base des caractéristiques de chaque sexe (73 %), adapter les méthodes pédagogiques aux besoins spécifiques des garçons (78 %), augmenter le jeu dans la pédagogie pour favoriser les garçons (75 %), mesure elle-même jugée efficace pour les filles seulement à hauteur de 52 % ; bref, laisser plus de place à l'expression de la masculinité (60 %) et pour réussir, pas question que les garçons prennent les filles comme modèles (81 %) (Bouchard et St-Amant, 2007).

Conclusion

Ce dernier énoncé – prendre les filles comme modèles, où seulement 1 % des répondants et des répondantes se disent « tout à fait » d'accord – appelle quelques commentaires. Dans un contexte où les garçons sont perçus, dans l'ensemble, comme étant en sérieuse difficulté et les filles en situation généralisée de réussite, l'hypothèse offre une solution aux garçons, soit de reprendre comme modèles les attitudes et les comportements qui assurent du succès à un plus grand nombre de filles. Il s'agit donc fondamentalement de choisir entre la réussite à l'école et une identité masculine différenciée, si tant est que le fait d'adopter les pratiques des filles comme modèles menacerait cette identité d'une quelconque façon. Dans un tel contexte, faut-il se surprendre de voir réapparaître le recours à la non-mixité, la volonté de faire appel à des professeurs masculins ou encore le retour des stéréotypes sexuels et sexistes ?

Les recherches ont souligné que ceux et celles qui réussissent présentent le même rapport à l'école : mêmes perceptions du personnel enseignant, mêmes rapports à la discipline, mêmes habitudes de travail, etc. (Bouchard et *al..*, 2003). Plusieurs travaux ont bien montré que les caractéristiques dè ceux et celles qui vont bien à l'école sont les mêmes pour les deux groupes de sexe.

Pourtant, le personnel scolaire est largement réfractaire à cette idée. La logique qui sous-tend cette prise de position ramène donc, d'une part, à la différenciation de sexe obligée, celle-ci en lien direct avec une conception essentialiste des identités, et d'autre part sur le plan scolaire, à la promotion de moyens d'intervention qui non seulement seraient en conformité avec cette identité, mais seraient de plus obligatoirement différents des pratiques des filles. En limitant à une vision binaire les approches pédagogiques, en attribuant à tout un sexe des caractéristiques qui ne valent que pour une partie – et qui valent aussi pour une partie de l'autre groupe –, ce type d'intervention entretient des visions stéréotypées des hommes et des femmes. Il y a donc fort à parier que les effets de ces interventions seraient plus négatifs que positifs. Alors que ce sont des approches pédagogiques diversifiées qui rejoignent un éventail plus large de jeunes, pourquoi limiter sa vision de la population étudiante à deux catégories mutuellement exclusives ?

Sur ce plan aussi, il semble que nous nous retrouvions devant un cul-de-sac. Sinon, une telle logique menée à terme conduit vers la ségrégation des classes, celle du personnel scolaire, celle des écoles… et pourquoi pas en bout de ligne à celle des programmes et à celle des diplômes !

4

Une politique
de la réussite

Si les moyens de réussir à l'école se conden-
saient en une seule formule, nul doute que
celle-ci serait connue et appliquée depuis un
certain temps dans l'ensemble du réseau scolaire. Mais cet idéal implique au départ que,
comme collectivité, nous ayons identifié précisément le but à atteindre. La question se doit
d'être posée dans le contexte des écarts de réussite entre garçons et filles. Souhaitons-nous en
arriver à une égalité de résultats entre les deux
groupes de sexe ? Nous avons soulevé une
hypothèse en ce sens dans le premier chapitre :
si, comme groupe, les filles québécoises affichaient une persévérance scolaire tout simplement moyenne plutôt que forte, les écarts

seraient à toutes fins utiles inexistants et le « problème social » des garçons serait réglé. Évidemment, il s'agirait là d'une régression qui ne constitue en rien une base de politique acceptable, bien que certaines prises de position masculinistes veuillent bien le laisser croire.

S'agirait-il alors de tenter de hausser globalement les résultats des garçons au seuil de ceux des filles? Trois critiques quant à cette approche. Premièrement, et il faut le répéter, la réussite scolaire n'est pas l'apanage de toutes les filles et au secondaire, au moins 25 % d'entre elles ont des besoins éducatifs non comblés. Le succès ne se construit pas de lui-même et des soutiens actifs restent nécessaires, particulièrement en milieu socio-économique faible si on compare les filles entre elles. Deuxièmement, cette visée manque d'ambition dans un contexte économique où le diplôme est devenu une nécessité, celui du niveau secondaire ne représentant finalement pas plus qu'un laissez-passer vers des formations subséquentes. Troisièmement, un tel objectif implique de démissionner en ce qui concerne une certaine proportion de garçons et de filles et d'accepter de les laisser sur le carreau. Cette voie est aussi inacceptable que la précédente. S'impose donc une politique de la réussite qui vise le plus grand nombre de filles et de garçons possible.

Dans une certaine mesure, c'est aussi ce vers quoi tend le personnel scolaire québécois. En effet, une majorité est « assez » ou « tout à fait » d'accord avec l'énoncé suivant. « Pour mieux faire réussir les garçons, il faut viser à ce que plus d'élèves réussissent, garçons et filles. » Une proportion de 73 % des répondants et des répondantes croit qu'il faut viser la réussite du plus grand nombre, garçons et filles, pour mieux faire réussir les garçons. Une personne sur dix exprime toutefois des réserves (Bouchard et St-Amant, 2007). À première vue, la position adoptée ici par le personnel scolaire peut sembler paradoxale, compte tenu des diverses perceptions présentées plus haut. Elle témoigne plutôt, selon nous, d'un besoin d'information fiable et structurée, susceptible de le diriger vers des solutions équitables.

Une politique axée sur la réussite du plus grand nombre n'est pas vraiment nouvelle, pourquoi donc la réaffirmer maintenant ? Parce que dans le contexte d'un questionnement sur les écarts de réussite selon le sexe, elle prend un sens spécifique. En effet, les diverses recherches portant sur les facteurs associés à l'échec et à l'abandon scolaires ont en général montré que ceux-ci ont une influence plus grande chez les garçons que chez leurs consœurs. Autrement dit, ce sont les mêmes facteurs qui jouent, mais avec un effet différencié selon le sexe. Nous l'avons souligné pour ce qui est du milieu socio-économique, nous aurions pu le faire pour un ensemble d'autres variables : ratio élevé d'élèves par enseignant ou enseignante, taille de la famille, entrée dans le réseau d'éducation à cinq ans plutôt qu'à quatre, distance entre la résidence et l'institution postsecondaire, etc. Deux phénomènes collectifs combinent leurs effets pour en fournir le pourquoi : parce que la façon dont la masculinité se concrétise dans certains milieux sociaux porte en elle une désaffection de l'école; parce que dans la mobilisation des femmes pour atteindre l'égalité, la scolarisation a servi et continue de servir d'outil par excellence pour y arriver. La première raison constitue un frein pour certains garçons, la deuxième un accélérateur pour certaines filles. Rien à voir avec une école que certains accusent de discrimination !

Si nous tirons les conclusions qui s'imposent, nous arrivons aux trois constats suivants : 1° Les mesures pour contrer efficacement l'effet des facteurs associés à l'échec et à l'abandon scolaires sont les mêmes pour les filles ou les garçons ; 2° ces mesures auront nécessairement pour conséquence de réduire les écarts, puisque plus de garçons que de filles en bénéficieront ; 3° des actions prioritaires en milieu socio-économique faible risquent de provoquer des résultats tangibles à plus courte échéance.

Comment y arriver ? Nous suggérons trois voies d'entrée : une intervention soutenue contre les stéréotypes sexuels, le développement des pratiques de lecture, enfin, une éducation à la prise en charge de sa scolarisation. Cette sélection de moyens s'inspire de diverses recherches dont les résultats s'avèrent congruents.

Intervenir contre les stéréotypes sexuels

Élaborée à partir de la situation des jeunes du secondaire québécois, l'approche qui oppose adhésion aux stéréotypes sexuels et réussite scolaire se vérifie aussi aux niveaux d'enseignement collégial et primaire. Elle est étayée par diverses analyses françaises, britanniques, américaines et australiennes. Elle permet d'éviter de généraliser à tous les garçons une problématique qui ne touche qu'une partie d'entre eux et elle s'applique tout autant aux filles en difficulté. De plus, les interventions qui en découlent ont montré leur efficacité en sol québécois – avec les garçons du primaire et avec les filles du secondaire – et en contexte australien avec les garçons du secondaire.

De façon générale dans les pays occidentaux, une interprétation domine quant à l'influence des stéréotypes sur le rendement scolaire. Celle-ci s'appuie sur la conformité sociale. Dans le processus de reproduction des rapports sociaux de sexe, les filles se soumettraient aux stéréotypes qui leur sont assignés socialement, telles la docilité et la soumission, ce qui leur conférerait un avantage : une meilleure autodiscipline en classe, un plus grand respect de l'autorité, plus de temps investi dans les travaux scolaires, etc. Les valeurs de l'école seraient ordonnées en fonction de la « petite fille modèle » et l'institution devrait être modifiée afin de s'adapter à l'identité masculine. Dans ce cadre, aucune ouverture au rôle joué par l'élève elle-même dans sa formation, aucune place à l'évolution des identités de sexe construites socialement. Nous avons vu dans le chapitre précédent qu'une partie du personnel scolaire québécois semble souscrire à une telle vision.

Pourtant, l'influence des stéréotypes en rapport avec la réussite scolaire se situe à l'opposé de cette interprétation. Il a été mesuré chez les jeunes québécois de secondaire 3 (Bouchard et St-Amant, 1996). L'étude a montré une plus grande adhésion des garçons aux stéréotypes sexuels masculins que des filles aux stéréotypes sexuels féminins. Dans l'ensemble, les garçons font preuve de plus de conformisme social. L'analyse a ensuite été faite en fonction du rendement scolaire pour montrer que plus l'adhésion est grande, moins les résultats sont bons. Cette conclusion est valide autant pour les garçons que pour les filles et peut se reformuler comme suit : le fait de résister aux assignations identitaires stéréotypées est associé statistiquement aux succès scolaires. Les filles ne confirment que 44 % des stéréotypes qui leur sont associés et obtiennent de meilleurs résultats, les garçons en valident 88 % et leurs performances sont conséquemment moins bonnes.

L'adhésion aux stéréotypes sexuels a aussi été vérifiée suivant le niveau de scolarité des parents, celui-ci servant d'indicateur du milieu social. Encore ici, la conclusion vaut pour les deux groupes de sexe : les enfants dont les parents sont le plus scolarisés résistent plus volontiers aux assignations identitaires sexuées. La conformité aux identités sexuelles traditionnelles est plus forte dans les familles où les parents sont moins scolarisés. Or, comme nous le savons déjà, les jeunes issus de ce milieu sont aussi ceux et celles que l'on définit comme étant les plus « à risque » sur le plan scolaire.

Par ailleurs, une recherche par entrevues individuelles a été conduite chez les membres de vingt familles provenant de deux milieux socio-économiques opposés, familles qui avaient la caractéristique de compter un frère et une sœur fréquentant la même école secondaire. L'analyse des prises de position parentales fait ressortir une rationalité commune aux deux parents et qui vaut pour les deux enfants : la scolarisation perçue et présentée comme outil de mobilité sociale. S'y greffe dans le cas des mères et de quelques pères un message qui s'adresse plus particulièrement aux filles, soit l'école en tant que voie d'émancipation relative aux rôles sociaux de sexe. La comparaison entre fils et filles d'une même famille montre des écarts sensibles, qu'il s'agisse des heures de travail investies, du temps consacré à la lecture, ou encore des aspirations scolaires. Dans l'ensemble, les filles montrent une nette proximité scolaire qui s'imbrique bien avec les positions parentales : elles se positionnent en fonction de leur avenir en tant que femmes. Enfin, en milieu ouvrier et populaire au primaire, le rejet des stéréotypes sexuels départage ceux et celles qui sont en situation de réussite par rapport à ceux et celles qui éprouvent des difficultés.

En résumé, les recherches mettent en parallèle deux dynamiques concomitantes : d'abord, les rapports que les garçons et les filles entretiennent avec l'école, inscrits dans un continuum allant de la proximité à la distance scolaire; puis, un processus de construction des identités de sexe envisagé sous l'angle de l'affranchissement ou de la conformité aux représentations de sexe traditionnelles. Dans les faits, les mêmes mécanismes entrent en action chez les garçons et chez les filles : 1° L'affranchissement des stéréotypes sexuels s'accompagne d'une meilleure réussite scolaire ; 2° cet affranchissement est plus marqué dans les milieux favorisés que dans les milieux modestes ; 3° sous ce rapport, les filles sont moins marquées par l'origine sociale que les garçons ; 4° une plus petite proportion de garçons que de filles parvient à se dégager des stéréotypes ; 5° les filles « moyennes » présentent plusieurs traits communs avec celles qui réussissent alors que les garçons « moyens » restent plus près des garçons en difficulté. Au vu des écarts réels analysés au premier chapitre, la distanciation de certains garçons est particulièrement palpable dans les taux d'abandon au secondaire et dans les aspirations scolaires, deux composantes de la persévérance scolaire.

Il s'ensuit que le réseau scolaire a besoin de se doter d'une politique explicite d'intervention favorisant l'égalité entre les sexes, centrée sur la déconstruction des stéréotypes sexuels masculins et féminins. Compte tenu notamment du processus d'auto-exclusion présenté au deuxième chapitre, elle aura pour effet de rapprocher les garçons et l'école et de réduire d'autant les écarts de réussite entre les sexes. Elle sera aussi bénéfique aux filles.

Les pratiques de lecture

Nous avons vu au premier chapitre que les écarts entre garçons et filles quant au rendement se situaient essentiellement en langue d'enseignement. Le phénomène est perceptible dès le niveau primaire et s'accentue au secondaire. Il ne relève pas d'une quelconque particularité du système scolaire québécois, mais se retrouve dans la plupart des pays industrialisés. Les interprétations les plus souvent avancées renvoient aux pratiques de lecture.

À ce titre, l'enquête de l'OCDE menée en 2003 auprès des jeunes de quinze ans est particulièrement instructive. On y établit dans un premier temps quatre catégories de « profils de lecteurs », un indicateur qui combine la diversification des lectures et leur fréquence, les deux éléments étant croisés. L'analyse montre un lien statistique très étroit entre ces profils et l'augmentation des compétences en compréhension de l'écrit, et ce, dans tous les pays. Le fait de diversifier ses lectures et de lire des textes longs, par exemple des livres plutôt que des bandes dessinées, caractérise ceux et celles qui obtiennent de meilleurs résultats. Qui plus est, « les jeunes de 15 ans dont les parents ont le statut professionnel le moins élevé mais qui s'investissent beaucoup dans la lecture obtiennent en compréhension de l'écrit de meilleurs résultats que ceux dont les parents ont un statut professionnel moyen ou plus élevé, mais qui ne s'intéressent guère à la lecture » (OCDE, 2003 : 119). L'effet positif des pratiques de lecture fréquente et prolongée est donc bien étayé. Il serait même apte à compenser certains effets négatifs liés au statut socio-économique.

Dans un deuxième temps, la même enquête établit que « la répartition des profils de lecteurs varie également selon le sexe. De nombreuses études menées dans divers pays ont montré qu'en moyenne, les filles passaient plus de temps à lire et qu'elles diversifiaient davantage leurs lectures » (CDE, 2003 : 114). La différence principale de cette diversification tient dans ce que les filles sont plus nombreuses à lire des livres, par opposition aux journaux, revues ou bandes dessinées que les garçons feuillètent aussi. L'OCDE conclut, après avoir scruté aussi les attitudes envers la lecture : « Dans tous les pays de l'OCDE, les filles s'investissent manifestement plus que les garçons dans la lecture. » (CDE, 2003 :114-115) Dans certains cas, il est intéressant de le noter, l'investissement des garçons de certains pays dépasse celui des filles dans d'autres pays. Voilà qui éloigne encore une fois des explications naturalisantes du phénomène étudié.

Pour autant que l'on puisse y voir, la situation québécoise reflète le même modèle. Diverses études ont montré que, dans l'ensemble, les filles lisent plus souvent, elles écrivent plus souvent et elles ont du plaisir à le faire, à l'image des populations étudiantes du secondaire que nous avons aussi interrogées à ce sujet (Bouchard et St-Amant, 1996). Dans la même ligne de pensée, nous avons montré lors d'une recherche faite au niveau primaire en milieu ouvrier et populaire que les habitudes de lecture fréquente comptaient parmi les facteurs départageant ceux et celles qui sont en difficulté de ceux et celles qui réussissent (Bouchard *et al..*, 2000). Très tôt, l'école et la famille avaient transmis à ces jeunes garçons et à ces jeunes filles le plaisir de lire, leur permettant de convertir cet avantage en rendements scolaires améliorés.

Ces divers faits conduisent à proposer l'amélioration des « profils de lecteurs » à titre de deuxième objectif à poursuivre, en privilégiant les milieux socio-économiques faibles là où l'accès aux livres est plus difficile et où la pratique de lecture est moins développée, notamment chez les garçons. Si l'efficacité de cette piste d'intervention ne fait aucun doute, il y a cependant un risque de faire fausse route. Le choix des lectures proposées doit se faire en fonction de la stimulation intellectuelle qu'elles procurent, non en fonction d'intérêts – manifestes ou présumés – stéréotypés. Il s'agit moins de lire pour lire, mais bien de lire pour ouvrir ses horizons.

L'engagement envers la lecture différenciée selon le sexe soulève la question des investissements personnels que les jeunes consentent dans le but de s'assurer de leur réussite. Ce sera l'objet de la partie suivante.

Former à la prise en charge de sa scolarisation

On ne peut faire l'économie d'une réflexion sur le processus graduel de prise en charge de sa propre scolarisation. C'est la troisième piste d'action suggérée. Elle part du principe que si l'école et les parents jouent un rôle extrêmement important dans l'atteinte des objectifs de réussite, il faut reconnaître aux jeunes leur part de responsabilité propre en ce domaine et, conséquemment, les former à l'assumer. Le concept de prise en charge employé ici renvoie à un ensemble de facteurs pour lesquels des recherches montrent des écarts significatifs entre les deux groupes de sexe (de même qu'une influence de l'origine sociale) : l'autonomie et la responsabilisation, la motivation dans les études et le plaisir d'apprendre, l'acquisition du goût de l'effort, etc. L'OCDE utilise un concept similaire, l'apprentissage autorégulé, en parlant de la « capacité des élèves à régir leur propre apprentissage » (2003, 126).

Dès le primaire, certains jeunes de milieu populaire ont appris à prendre leurs études en charge, et l'autonomie dont ils et elles font preuve les distingue des autres jeunes présentant des difficultés; de plus, ils et elles ont formulé des projets d'avenir associés à une scolarisation plus poussée (Bouchard *et al..*, 2000). Dans un contexte tout autre, certaines écoles spécialisées recevant des jeunes qui reviennent à l'école après l'avoir abandonnée placent à l'avant-plan ce qu'elles ont nommé la « responsabilisation », c'est-à-dire la prise en charge par l'élève de sa démarche de retour aux études (Bouchard et St-Amant, 1994).

Quant à la motivation, des recherches portant sur de jeunes Québécois et Québécoises, tant au niveau secondaire que collégial, l'ont comparée. En bref, celle-ci se caractérise selon qu'elle est intrinsèque (une action devient source de plaisir) ou extrinsèque (une action est plus ou moins autodéterminée, liée à des facteurs extérieurs tels le diplôme, le salaire), sinon il s'agit d'*amotivation*. Le degré de motivation a montré un lien statistique avec le fait de laisser ou pas les études au secondaire, ou encore d'abandonner des cours au collégial, de même en est-il des résultats obtenus. Si le degré et le type de motivation ne sont pas associés à un groupe de sexe de façon fixe et déterminée, les filles présentent dans l'ensemble un profil plus près de la motivation intrinsèque, alors que les garçons se situent, selon les cas, plus près de l'*amotivation* ou de la motivation extrinsèque (Vallerand et Sénécal, 1992). Les réactions de jeunes de 15 ans face à l'énoncé suivant illustrent bien la motivation intrinsèque : « Le fait d'apprendre à l'école est très stimulant pour moi. » Les 977 répondantes ont affirmé leur accord à hauteur de 58 %, alors que les 965 garçons interrogés ont exprimé majoritairement un désaccord (54 %). Cet écart, tout de même sensible, est lié statistiquement aux résultats scolaires obtenus, tant chez les filles que chez les garçons. Terril et Ducharme (1994: 140) vont dans le même sens quant aux jeunes du collégial : les filles « aiment davantage étudier et elles le font davantage pour leur culture générale, leur satisfaction personnelle, ainsi que pour se préparer à l'université [...] Les garçons, quant à eux, "surpassent" les filles sur ce qu'on pourrait appeler des "attitudes négatives" à l'égard des études ».

Bref, retenons que la motivation et le plaisir d'apprendre accompagnent la réussite scolaire de l'un et l'autre groupe. Apprendre aux jeunes la prise en charge de sa scolarisation, c'est aussi leur transmettre le plaisir de le faire. Son pouvoir de motivation devient alors beaucoup plus efficace que le discours dominant sur la nécessité du diplôme. Ce dernier message a été assimilé par les jeunes, reste à fournir les efforts nécessaires pour y arriver.

En effet, pour réussir à l'école, ne faut-il pas y mettre un peu du sien ? Un aspect de la prise en charge de sa scolarisation peut se mesurer par les heures de travail consenties. Il s'agit du temps consacré aux devoirs et aux leçons. En ce qui a trait au niveau d'enseignement primaire, la recherche de Gagnon (1997) contient une foule de renseignements qui établissent claire-ment certaines différenciations entre garçons et filles, suivant les milieux socio-économiques. De façon générale, les filles s'investissent plus que les garçons et elles accueillent mieux les encouragements des mères en ce sens. Ce qui vaut pour le primaire se vérifie à l'école secon-daire. Notre propre enquête a montré que 46 % des garçons consacrent moins d'une heure par semaine à leurs travaux scolaires à la maison, contre 34 % des filles (Bouchard et St-Amant, 1996). Ces résultats s'accordent proportionnel-lement avec l'investissement personnel consenti aux secteurs d'enseignement subséquents.

Sans réduire à cette seule dimension le ques-tionnement sur les écarts entre garçons et filles, il n'en demeure pas moins que la réussite sco-laire risque d'être atteinte en y consentant aussi des efforts. Le recours à la non-mixité ou à des activités sportives n'y changera rien. On ne pourra pas faire réussir les jeunes sans qu'ils prennent en charge leur propre scolarisation. L'OCDE (2003 : 131), quant à elle, en arrive à des conclusions semblables en notant « une relation étroite entre la performance en compréhension de l'écrit et la mesure dans laquelle les élèves contrôlent leur propre apprentissage ». Il y a fort à parier que l'organisme en serait arrivé aux mêmes conclusions s'il avait mesuré l'ensemble du rendement.

Conclusion

Pour présenter toutes les chances d'être efficace, une politique de la réussite se doit d'être globale, c'est-à-dire, dans la problématique qui nous occupe, de s'appliquer à la fois aux filles et aux garçons. Une bonne part du personnel scolaire québécois adhère à un tel objectif. Nous avançons trois avenues à la fois différentes et complémentaires. D'abord, le renforcement d'une politique explicite d'égalité entre les sexes, dont la lutte aux stéréotypes sexuels masculins et féminins constitue le point central : ouvrir les garçons à l'école, ouvrir l'école aux filles ! Ensuite, l'intensification des mesures propres à développer les pratiques de lecture et à rehausser les profils des lecteurs et des lectrices. Enfin, l'éducation à la prise en charge de sa propre scolarisation.

Dans un contexte de rareté des ressources, il s'agit de s'assurer que les milieux socio-économiques faibles en soient les premiers bénéficiaires. C'est là que les écarts entre les sexes se réduiront davantage.

Conclusion

Une problématique
venue d'ailleurs

C'EST d'abord au Danemark, en 1980, que les difficultés scolaires des garçons sont devenues une préoccupation de société. Les écarts observés entre les deux sexes quant à l'obtention d'un diplôme au secondaire oscillaient aux environs de 25 %, soit près du double de ce qui est observé au Québec. Ensuite, lors d'élections générales en Grande-Bretagne, la question est devenue le fer de lance des néolibéraux de Margaret Thatcher, qui ont fortement critiqué le système d'éducation et promis plus d'efficacité. Par le biais des médias de plus en plus mondialisés, ce qui était au départ une fièvre a rapidement pris des proportions endémiques, gagnant les pays anglo-saxons (notamment l'Australie et les États-Unis) à la fin de la décennie, puis l'Europe. Il faut préciser que, tout comme au Québec, le débat se présente dans un exercice de réformes nationales des programmes d'éducation liées à une plus grande adaptation de la main-d'œuvre à la concurrence internationale. S'y conjugue, pour lui donner une envergure démesurée, un contexte de ressac à l'encontre des gains faits par les femmes, dont l'accès à l'emploi est l'un des enjeux marquants.

Vers la même période, soit au début de la décennie 90, on réalise au Canada que les taux d'abandon scolaire au niveau secondaire sont trop élevés. Faisant fi des questions de juridiction, le gouvernement fédéral crée le programme « L'école avant tout », en mettant l'accent sur la nécessité du diplôme d'études secondaires. Aucune mention, à ce moment, d'écarts entre les garçons et les filles. L'introduction de l'analyse différenciée selon le sexe dans les pratiques gouvernementales, la publication de quelques études scientifiques, et surtout, l'exploitation du thème par les médias font en sorte que celui-ci occupe l'avant-scène vers la fin de la décennie. Ces années se caractérisent, en effet, par une augmentation importante du nombre d'articles de journaux traitant d'écarts dans les résultats scolaires des filles et des garçons et par une plus grande intervention de spécialistes d'horizons divers. On atteint un sommet, en 1999, au moment où le Conseil supérieur de l'Éducation du Québec présente son rapport intitulé *Pour une meilleure réussite scolaire des garçons et des filles*, et l'Institut Fraser publie *Boys, Girls and Grades : Academic Gender Balance in British Columbia's Secondary Schools*. Depuis, les milieux de l'éducation continuent d'être soumis à des pressions constantes, la question des écarts de réussite ressurgissant dans de multiples contextes.

Retenons que le phénomène est propre aux sociétés occidentales qui ont démocratisé l'accès à l'éducation, bien qu'il varie en importance d'un pays à l'autre. Retenons aussi le rôle de diffuseur des médias de plus en plus mondialisés ainsi que la nécessité conséquente de départager ce qui relève des impressions et des opinions et, par ailleurs, de fondements plus solides. D'où l'intérêt de cet exercice de réflexion, que nous aurions souhaité plus élaboré.

Un bilan pour le Québec

Quel bilan pouvons-nous faire au sujet des écarts de réussite scolaire entre les filles et les garçons québécois ?

D'entrée de jeu, la question a été posée à savoir quels garçons et quelles filles étaient en cause, ce qui signifiait que ni l'un ni l'autre de ces groupes ne sont véritablement homogènes dans leurs rapports à l'école. Nous l'avons vu au fil des pages, des facteurs multiples font partie de l'inéquation, certains d'ordre proprement scolaire et d'autres présentant un caractère sociologique, mais chacun configurant des sous-groupes particuliers de jeunes. À ce titre, il faut le redire, le milieu socio-économique d'où sont issus les jeunes reste une clef de compréhension essentielle. Systématiquement, le milieu social laisse son empreinte sur la performance et la persévérance scolaires, et il reproduit des inégalités. Du point de vue d'une analyse sur la base du sexe, il le fait de façon asymétrique, c'est-à-dire que son influence se fait sentir de façon plus prononcée chez les garçons que chez les filles.

Le premier chapitre a précisé l'objet de réflexion de deux façons. D'abord en situant précisément la base d'analyse : une comparaison des résultats scolaires suivant les matières, une présentation des taux respectifs de décrochage au secondaire tenant compte de l'évolution dans le temps et des performances relatives à d'autres pays, enfin, une analyse de l'obtention du diplôme de fin d'études mise en parallèle avec les aspirations scolaires exprimées antérieurement. Certains écarts sont bien réels mais ne présentent pas le caractère catastrophique qu'on leur attribue trop souvent. Ainsi, nous avons ensuite mis en évidence l'écart important entre la réalité que nous venions de décrire et les perceptions du personnel scolaire. Ce dernier, en conformité avec l'information publique véhiculée, amplifie les difficultés des garçons et atténue celles des filles. Il s'agit d'un processus de fabrication de différences qui s'inscrit tout à fait dans la dynamique de construction sociale du sexe. Il n'est pas propre au système d'éducation, il reflète plutôt la société dans laquelle évolue le personnel scolaire, ainsi que les nouvelles tendances qui s'en dégagent.

Le volet suivant nous a conduit du côté des pratiques de masculinité des garçons, dévoilant la désaffection de certains d'entre eux par rapport à l'univers scolaire. Le processus d'auto-exclusion se repère notamment dans la distanciation scolaire, dans les interactions avec les filles et dans la différenciation de sexe. Certaines de ses composantes sont actives dès le primaire, d'autres ne sont repérées qu'au secondaire. Il ne s'agit ni d'un phénomène contraignant étendu à l'ensemble des garçons, ni d'une dynamique irréversible inscrite dans un quelconque déterminisme. Cependant, sur le plan des identités de sexe, le conformisme social en éloigne graduellement un certain nombre de l'école, jusqu'à une sortie prématurée du système scolaire. Par effet de contraste, nous aurions pu développer davantage l'importance stratégique que prend la scolarisation dans le cheminement des filles et la mobilisation qui s'ensuit. Encore ici, le milieu social y joue un rôle et brise la régularité du phénomène. L'abandon des études dans le contexte de grossesses précoces en constitue un exemple patent.

Le troisième chapitre a évalué des solutions qui sont envisagées le plus souvent pour venir en aide aux garçons. Nous avons discuté du recours à la non-mixité, de la proportion de femmes au sein du personnel enseignant et, par le biais de l'utilisation à l'école d'activités sportives, de la résurgence des stéréotypes de sexe. Nous avons présenté un certain nombre de preuves montrant non seulement l'inefficacité de telles approches, mais aussi certains risques qui y sont associés. Par ailleurs, à chaque fois que nous disposions de données pertinentes, nous avons situé les perceptions du personnel quant à ces enjeux. De toute évidence, la bonne volonté ne suffit pas à garantir la qualité d'une intervention. Une information mieux structurée paraît tout à fait opportune, ainsi que la nécessité de l'ancrer dans une politique d'égalité entre les sexes.

La dernière partie a avancé des pistes d'intervention susceptibles de respecter une politique de la réussite pour toutes et pour tous. Nous avons retenu trois cibles : l'intervention systématique contre les stéréotypes sexuels masculins et féminins, le développement des pratiques de lecture avec une insistance sur les livres et, enfin, l'éducation à la prise en charge de sa propre scolarisation. Caractéristiques essentielles, chacun de ces trois volets a montré son efficacité dans divers contextes et aussi bien pour un sexe que pour l'autre. Le résultat prévisible de la mise en application de ces mesures consisterait à la fois en une réduction des écarts de réussite entre les sexes et en une augmentation des taux de réussite. Et, pourquoi pas, nous serions la première société à y parvenir, à surmonter le clivage créé par l'origine sociale.

Tout n'a pas été dit, cependant, et certaines questions complémentaires pourraient être abordées de façon plus approfondie. Nous en signalons trois.

Une école discriminatoire envers les garçons?

L'école est mise au banc des accusés et nous avons vu que même une fraction du personnel scolaire y participe. Serions-nous en présence d'une discrimination à l'égard des garçons? La logique sous-entendant cette question est fallacieuse. Elle fonctionne de la façon suivante :

1° Vue sous l'angle des rapports sociaux de classe, l'école est un instrument de reproduction de la domination. À preuve, les jeunes issus de la classe ouvrière sont sous-représentés chez ceux et celles qui réussissent et sont sur-représentés chez ceux et celles qui éprouvent des difficultés. L'école est donc discriminatoire envers les enfants de la classe ouvrière. Cette théorie est classique. Elle a largement été démontrée par la sociologie de l'éducation des trente dernières années.

2° Or, si les garçons sont sous-représentés chez ceux et celles qui réussissent, ce serait donc que l'école fait preuve de discrimination à leur égard. Le raisonnement est court cependant. On suppose que des situations semblables relèvent d'une même cause, l'école, alors qu'une analyse qui combine les rapports sociaux de sexe et de classe met en évidence une dynamique différente. D'une part, les filles subissent aussi des effets de classe, mais parce qu'inscrites dans des rapports sociaux de sexe, elles ont développé certaines formes efficaces de résistance. Ces dernières sont particulièrement agissantes dans le processus de scolarisation dans la mesure où cette voie représente pour elles une avenue menant à l'autonomie et à l'égalité. De plus, ce « ressort » qui se manifeste aussi dans la relation parents-filles n'existe pas dans celle qui lie les parents aux garçons.

La dynamique sociale expliquant les écarts de réussite scolaire entre les filles et les garçons n'est donc pas celle de la discrimination envers les seconds, mais bien un effet de la résistance des premières à des inégalités de sexe. Cet enjeu se traduit concrètement par des investissements plus soutenus, une meilleure performance et une plus grande persévérance scolaires. Dans le climat d'insécurité créé par la mondialisation et le désengagement de l'État qui l'accompagne, apparaît une compétition pour les ressources, et le discours sur les garçons discriminés s'y inscrit. Certaines prises de position du personnel scolaire québécois tendent plutôt à montrer que c'est la discrimination envers les filles qui risque de se produire. C'est aussi ce constat qui nous a amené à recommander la mise en place d'une véritable politique d'égalité entre les sexes.

Qu'en est-il de la réussite éducative ?

La façon dont se déroule le débat sur les écarts de réussite selon le sexe oriente l'argumentation vers la notion de réussite scolaire, concept à caractère plus « comptable » qui renvoie à des formes de mesure d'acquisition de certains savoirs (notes, diplômes, etc.). Par contre, la mission de l'école est beaucoup plus large et inclut la transmission d'un « savoir-être ». Ce n'est pas sans raison que les milieux de l'éducation préfèrent en général parler de réussite éducative plutôt que de réussite scolaire. Ce que nous aurions pu souligner davantage, c'est que ces deux notions ne doivent pas être comprises en opposition l'une à l'autre, mais plutôt vues en une nécessaire interdépendance.

En effet, si on reprend le fil de l'argumentation des divers chapitres, on voit que le questionnement relatif à une amélioration des conditions de réussite scolaire conduit à des solutions qui, elles, relèvent de l'univers de la réussite éducative. C'est explicitement le cas en ce qui a trait à une intervention contre les stéréotypes sexuels et à l'éducation visant la prise en charge de sa scolarisation. Quant aux pratiques de lecture, nous avons vu que celles-ci relèvent d'attitudes à développer et non seulement de connaissances comme telles. Bref, c'est par la rencontre d'objectifs de réussite éducative que ceux de la réussite scolaire seront atteints.

Des pratiques à repenser?

Dernier élément que nous voudrions discuter brièvement : les avenues qu'offrent certaines pratiques repensées. En voici deux exemples.

Le premier concerne les analyses statistiques que le ministère de l'Éducation transmet aux écoles. Présentement, les résultats communiqués aux commissions scolaires le sont par école, par niveau, par matière et par sexe. Pourquoi ne pas y adjoindre systématiquement les données ventilées par milieu socio-économique ? Le MEQ possède déjà les moyens pour le faire, et à chacune des écoles est attribué un indice de défavorisation, une sorte de moyenne de l'ensemble de sa population étudiante. Cet instrument sert, entre autres, à situer les « performances » d'écoles comparables sur le plan socio-économique. Dans certains cas, l'indice cache la présence simultanée à la même école de deux ou plusieurs groupes bien distincts sur le plan socio-économique, suivant les quartiers où ils habitent. Or, il pourrait être décomposé en unités plus petites pour tenir compte beaucoup plus précisément du milieu social d'où sont issus les jeunes. Ce type d'information fournirait aux commissions scolaires et aux écoles un outil extrêmement utile pour mieux connaître leur population et cibler leurs interventions en conséquence.

Le deuxième exemple relève des pratiques pédagogiques. La source de la réflexion tient dans des résultats de recherche publiés dans *Vie pédagogique* (Bouchard, 2003) où l'auteure montre que certaines approches risquent de rejoindre un bassin plus large de garçons. Après avoir comparé des garçons en situation de réussite et des garçons en difficulté quant à leurs représentations de l'école, l'auteure établit trois distinctions principales qu'elle transforme en objectifs pédagogiques : « Captiver, susciter le plaisir d'apprendre et donner le goût de l'effort. » Son analyse s'imbrique tout à fait dans les conclusions du groupe d'experts australiens auquel nous avons fait référence plus haut, groupe qui a analysé des écoles connaissant du succès. Voici en bref comment elles y sont parvenues.

Le premier jalon a été d'identifier précisément quels garçons et quelles filles avaient des besoins éducatifs non comblés. Le deuxième a été, pour le personnel enseignant, de se structurer en « communauté professionnelle d'enseignants-apprenants » afin de répondre à ces besoins. Ces groupes ont intégré à leur horaire régulier du temps pour des échanges sur certaines lectures ou sur certains sujets, ils ont précisé certaines lacunes dans leurs savoirs, ils ont prévu des participations à des colloques, ils ont organisé des conférences à l'école et, finalement, ils ont élaboré ce que les auteurs ont appelé des « pédagogies productives », c'est-à-dire des approches à la fois exigeantes et supportantes pour les jeunes, qui leur demandent de travailler fort, mais à des travaux scolaires stimulants qui posent des défis sur le plan intellectuel (Lingard *et al..*, 2002).

N'est-ce pas là un défi que nos écoles pourraient relever?

Bibliographie

BOUCHARD, P. (2003), « Captiver, susciter le plaisir d'apprendre et donner le goût de l'effort : des avenues pour rejoindre les garçons en difficulté scolaire », *Vie pédagogique*, n° 127, avril-mai, p. 36-39.

BOUCHARD, P. et ST-AMANT, J. C. (2007), *Les écarts de réussite scolaire selon le sexe. Itinéraire de recherche. Données inédites d'une recherche en cours.*

BOUCHARD, P. et ST-AMANT, J. C. (1997), « Pas surprenant qu'elles réussissent mieux ! », *Nouvelles CEQ*, septembre, p. 1-4.

BOUCHARD, P. et ST-AMANT, J. C. (1996), *Garçons et filles. Stéréotypes et réussite scolaire*, Montréal, Les éditions du remue-ménage.

BOUCHARD, P. et ST-AMANT, J. C. (1994), *On devrait fermer toutes les écoles et en faire comme la nôtre*, Québec, Centre de recherche et d'intervention sur la réussite scolaire.

BOUCHARD, P., ST-AMANT, J. C., BOU-CHARD, N., et TONDREAU, J. (1997), *De l'amour de l'école*, Montréal, Les éditions du remue-ménage.

BOUCHARD, P., ST-AMANT, J. C., GAUVIN, M., QUINTAL, M., CARRIER, R. et GAGNON, C. (2000), *Familles, école et milieu populaire*, Sainte-Foy, Centre de recherche et d'intervention sur la réussite scolaire.

BOUCHARD, P., ST-AMANT, J. C. et GAGNON, C. (2001), « Pratiques de masculinité à l'école québécoise », *Revue canadienne d'Éducation*, vol. 25 (2), p. 73-87.

BOUCHARD, P., ST-AMANT, J. C., RINFRET, N., BAUDOUX, C. et BOUCHARD, N. (2003), *Dynamiques familiales de la réussite scolaire au secondaire*, t. 1, Sainte-Foy, Chaire d'étude Claire-Bonenfant sur la condition des femmes.

BRICHENO, P. et THORNTON, M. (2002), « Staff Gender Balance in Primary Schools », *Research in Education*, n° 68 (novembre), p. 57-63.

CHAREST, D. (2005), *La réussite scolaire des garçons et des filles. L'influence du milieu socio-économique*, Québec, Ministère de l'Éducation, du Loisir et du Sport.

CONNELL, R. W. (1995), *Masculinities*, Berkeley, Los Angeles, University of California Press.

CONNELL, R. W. (1989), « Cool guys, swots and wimps : the interplay of masculinity and education », *Oxford Review of Education*, 15, p. 291-303.

CONSEIL SUPÉRIEUR DE L'ÉDUCATION (1999), *Pour une meilleure réussite scolaire des garçons et des filles*, Sainte-Foy, Conseil supérieur de l'Éducation.

DEMERS, M. (2005), « La rentabilité du baccalauréat », *Bulletin statistique de l'éducation*, n° 32, 11 p.

FRASER INSTITUTE (1999), *Boys, Girls and Grades : Academic Gender Balance in British Columbia's Secondary Schools*, Vancouver, The Fraser Institute.

GAGNON, C. (1999), *Pour réussir dès le primaire : filles et garçons face à l'école*, Montréal, Les éditions du remue-ménage.

LINGARD, Bob, MARTINO, Wayne, MILLS, Martin et BAHR, Mark (2002), *Addressing the Educational Needs of Boys*, Research Report submitted to the Department of Education, Science and Training, Sydney.

MINISTÈRE DE L'ÉDUCATION DU QUÉBEC (2006), *Indicateurs de l'éducation*, Québec, ministère de l'Éducation, du Loisir et du Sport.

OCDE (2003). *Regards sur l'éducation – Les indicateurs de l'éducation*, s.l., Organisation de coopération et de développement économiques.

PELLETIER, M. (2004), *La réussite des garçons. Des constats à mettre en perspective*, Québec, ministère de l'Éducation.

PLECH, J. H. (1989), « Prisoners of Manliness », dans KIMMEL, M. et MESSNER, M. (eds), *Men's Lives*, New York, Macmillan Publishing Company.

RHEAULT, S. (2004), *La réussite professionnelle des garçons et des filles : un portrait tout en nuances*, Québec, ministère de l'Éducation.

TERRILL, R. et DUCHARME, R. (1994), *Passage secondaire-collégial : caractéristiques étudiantes et rendement scolaire*, 2e édition, Montréal, Sram.

VALLERAND, R. J. et SÉNÉCAL, C. (1992), « Une analyse motivationnelle de l'abandon des études », *Apprentissage et Socialisation*, vol. 15, n° 1, printemps, p. 49-62.

WHITHEHEAD, J. M. (2006), « Starting School – Why Girls are Already Ahead of Boys », *Teacher Development*, vol. 10, n° 2, p. 249-270.

Aux mêmes éditions

Dans la collection CONTREPOINT

Vida Amirmokri, Homa Arjomand, Élaine Audet, Micheline Carrier, Fatima Houda-Pepin, *Des tribunaux islamiques au Canada?* Montréal, 2005, 102 pages.

Élaine Audet, *Prostitution, perspectives féministes*, Montréal, 2005, 128 pages.

Pierrette Bouchard, Natasha Bouchard et Isabelle Boily, *La sexualisation précoce des filles*, Montréal, 2005, 88 pages.

Richard Poulin, *Abolir la prostitution, manifeste*, Montréal 2006, 126 pages.

Dans la collection POÉSIE

Élaine Audet, *La plénitude et la limite*, Montréal, 2006, 80 pages.

Achevé d'imprimer en juin 2007
sur les presses de l'imprimerie Marquis,
Montréal, Québec.